Os Seis Livros da
REPÚBLICA

Livro Quinto

Coleção Fundamentos do Direito

ícone
editora

Jean Bodin

Título Original*

Les Six Livres de la République

---

* Tradução de *Les Six Livres de la République*, de Jean Bodin (1530-1596). Tratado publicado originalmente em seis volumes em Paris por Jacques Du Puys em 1576. Traduzido para o latim pelo próprio autor em 1586 com o título de *De Republica Libri Sex*. Reeditado em seis volumes, com a ortografia original, no "Corpus des œuvres de philosophie en langue française", coleção sob a direção de Michel Serres publicada pela Editora Fayard, Paris, 1986.

Dados Internacionais de Catalogação na Publicação (CIP)
(Câmara Brasileira do Livro, SP, Brasil)

Bodin, Jean, 1530-1596.
   Os seis livros da República : livro quinto / Jean Bodin ; tradução e revisão técnica José Ignacio Coelho Mendes Neto. -- 1. ed. -- São Paulo : Ícone, 2012. -- (Coleção fundamentos do direito)

   Título original: Les six livres de la République : livre cinquième.
   ISBN 978-85-274-1135-6

   1. Ciências políticas - Obras anteriores a 1800 2. O Estado 3. Soberania I. Título. II. Série.

10-06957   CDD-320.15

Índices para catálogo sistemático:

1. República : Ciências políticas   320.15

Jean Bodin

Os Seis Livros da República

Livro Quinto

Título Original
Les Six Livres de la République – Livre Cinquième

Tradução e Revisão Técnica
José Ignacio Coelho Mendes Neto

Coleção Fundamentos do Direito

1ª Edição   Brasil – 2012

© Copyright da tradução – 2012
Ícone Editora Ltda.

Coleção Fundamentos do Direito

Conselho Editorial
Cláudio Gastão Junqueira de Castro
Diamantino Fernandes Trindade
Dorival Bonora Jr.
José Luiz Del Roio
Marcio Pugliesi
Marcos Del Roio
Neusa Dal Ri
Tereza Isenburg
Ursulino dos Santos Isidoro
Vinícius Cavalari

Título Original
Les Six Livres de la République – Livre Cinquième

Tradução e Revisão Técnica
José Ignacio Coelho Mendes Neto

Revisão do Português
Saulo C. Rêgo Barros
Juliana Biggi

Projeto Gráfico, Capa e Diagramação
Richard Veiga

Proibida a reprodução total ou parcial desta obra, de qualquer forma ou meio eletrônico, mecânico, inclusive por meio de processos xerográficos, sem permissão expressa do editor. (Lei nº 9.610/98)

Todos os direitos de tradução reservados à:
ÍCONE EDITORA LTDA.
Rua Anhanguera, 56 – Barra Funda
CEP: 01135-000 – São Paulo/SP
Fone/Fax.: (11) 3392-7771
www.iconeeditora.com.br
iconevendas@iconeeditora.com.br

ÍNDICE

Capítulo I
　Do regulamento que se deve manter para acomodar a forma de República à diversidade dos homens, e o meio de conhecer o natural dos povos, 11

Capítulo II
　Os meios de remediar as mudanças das Repúblicas que ocorrem pela riqueza excessiva de uns e pobreza extrema dos outros, 51

Capítulo III
　Se os bens dos condenados devem ser transferidos ao fisco ou à Igreja ou então deixados aos herdeiros, 71

Capítulo IV
　Da recompensa e da pena, 81

Capítulo V
   Se é bom armar e aguerrir os súditos, fortificar
   as cidades e incentivar a guerra, 103

Capítulo VI
   Da segurança das alianças e tratados entre os Príncipes, 135

O Quinto Livro da
República

Capítulo I

Do regulamento que se deve manter para acomodar a forma de República à diversidade dos homens, e o meio de conhecer o natural dos povos

Até aqui abordamos o que dizia respeito ao estado universal das Repúblicas. Falemos agora do que pode ser particular a algumas delas devido à diversidade dos povos, a fim de acomodar a forma da coisa pública à natureza dos lugares e as ordenanças humanas às leis naturais. Por não ter prestado atenção nisso, muitos se esforçaram para fazer com que a natureza servisse aos seus éditos, perturbando e frequentemente arruinando grandes estados. E aqueles que escreveram sobre a República não trataram essa questão. Porém, assim como vemos em todas as espécies de animais uma variedade bem grande e em cada espécie algumas diferenças notáveis devidas à diversidade das regiões, assim também podemos dizer que há quase tanta variedade no natural dos homens quanto o número de países. Até no mesmo clima acontece que o povo oriental é muito diferente do ocidental, e na mesma latitude e distância do Equador o povo setentrional é diferente do meridional.

As cidades desiguais em montanhas e vales sujeitas à sedição

Além do mais, no mesmo clima, latitude e longitude, e sob o mesmo grau, percebe-se a diferença entre o lugar montanhoso e a planície, de modo que na mesma cidade a diversidade entre os lugares altos e os vales acarreta variedade de humores e também de costumes, o que faz com que as cidades sitas em lugares desiguais sejam mais sujeitas às sedições e mudanças que aquelas situadas em lugar de todo igual. Por isso a cidade de Roma, que tem sete montanhas, nunca esteve sem alguma sedição. Por não ter procurado a causa disso, Plutarco espanta-se que em Atenas havia três facções de humor diverso: os da cidade alta, que eram chamados Astu, pediam o estado popular, os da cidade baixa pediam o estado de oligarquia e os habitantes do porto do Pireu desejavam um estado aristocrático mesclado à nobreza e ao povo. Diremos logo mais a causa, que é natural. E se Teofrasto acha estranho que o povo da Grécia é tão diferente em costumes e modos de fazer, quem não se espantaria ao ver numa mesma cidade humores tão contrários? Não se pode imputar isso à mistura dos povos que muito tempo depois chegaram lá vindos de todas as partes, visto que Plutarco fala do tempo de Sólon, quando os atenienses eram tão pouco misturados que se tinha certeza que eles eram nascidos da terra ática, coisa da qual se orgulha o orador Aristides. Também vemos os suíços, povo originário da Suécia, muito diferentes em humores, natureza e governo, pois embora sejam aliados mais estreitamente que nenhum outro povo já foi, mesmo assim os cinco pequenos cantões das montanhas e os Grisões também são considerados mais orgulhosos e mais belicosos, e seu governo é inteiramente popular; os outros são mais sociáveis e se governam aristocraticamente, pois seu natural é mais inclinado à aristocracia que ao estado popular.

Para formar um estado é preciso acomodar-se ao natural dos súditos

É muito necessário levar em conta esse natural quando se quer mudar o estado, como aconteceu em Florença há cem anos, quando a República por decurso de tempo quase foi transformada em aristocracia, tendo sido acrescida dos cidadãos do segundo e terceiro cinturão de muralhas. O senado foi reunido para dar a ordem e, posto o assunto em deliberação, o senador Vespúcio demonstrou com vivas razões que o estado aristocrático era incomparavelmente mais seguro e muito melhor que o estado popular, e ofereceu o exemplo do estado de Veneza, florescente sob a senhoria de poucos gentis-homens. Mas Antônio Soderini defendeu o estado popular e ganhou, dizendo que o natural do veneziano era disposto à aristocracia e o dos florentinos ao estado popular. Diremos logo mais se seu fundamento é verdadeiro. Lemos também que os efésios, milésios e siracusanos eram quase do humor dos florentinos, pois não podiam suportar outro estado que não o popular, nem tolerar que um sequer dentre eles superasse o outro no que quer que fosse, chegando a banir aqueles que tinham mais virtude. Não obstante, os atenienses, efésios e milésios eram muito mais dóceis e mais sociáveis, por isso eram muito mais orientais. Ao contrário, os siracusanos, florentinos e cartagineses eram mais violentos e mais rebeldes, e portanto mais ocidentais. O povo oriental tem muita jactância e muitas palavras, na opinião de todos os antigos[1], e até do embaixador dos ródios, que desculpou o erro de seus senhores pela inclinação natural que tinham, alegando também os vícios naturais dos outros povos. O povo de Atenas, diz Plutarco, era colérico e misericordioso, comprazia-se com as bajulações e tolerava facilmente uma pilhéria; mas o povo de Cartago era cruel e vingativo, submisso perante os superiores e imperioso perante os súditos, covarde no desastre e insolente na vitória. O povo romano, ao contrário dos dois, era paciente na derrota, constante na vitória e moderado em suas paixões; rechaçava os bajuladores e apreciava os homens graves e severos, a tal ponto que, quando Catão o Velho pediu a censura ao povo, disse que era necessário um censor severo que ameaçasse castigar os vícios, e o povo preferiu eleger aquele que o ameaçava e era de extração um tanto

---
[1] Lívio liv. 45.

baixa em vez dos mais nobres e grandes senhores que o bajulavam[2]. E fez o mesmo com L. Torquato, que foi eleito cônsul pelo povo sem saber; ao tomar conhecimento de sua eleição, ele declarou ao povo que era feito de tal modo que não poderia suportar os vícios do povo nem este seus comandos, e que se eles fossem sábios elegeriam um outro; não obstante, ele foi eleito imediatamente pelo povo.

Diferença notável dos atenienses, romanos e cartagineses

O que eu digo pode ser conhecido facilmente pela diferença dos discursadores atenienses e romanos, pois estes respeitavam a majestade do povo de modo bem diverso que os atenienses, que zombavam do povo com tal licenciosidade que um deles, tendo mandado reunir o povo para os negócios de Estado, depois de tê-lo feito esperar por muito tempo subiu na tribuna dos discursos com um chapéu de rosas e lhes disse que havia decidido festejar com seus amigos naquele dia, e então foi embora; o povo tomou isso como piada. Outra vez, Alcibíades, ao falar ao povo, soltou uma codorna que carregava junto ao peito, e o povo correu atrás dela e trouxe-lha. Se ele tivesse feito isso em Cartago diante do povo, diz Plutarco, teria sido lapidado. Os romanos não teriam deixado essa tolice impune, visto que um cidadão romano foi privado do direito de burguesia por ter bocejado alto demais diante de um censor, como diz Valério Máximo. Portanto, é preciso que o sábio governante de um povo conheça bem o seu humor e seu natural antes de tentar qualquer coisa na mudança do estado ou das leis. Pois um dos maiores e talvez o principal fundamento das Repúblicas é acomodar o estado ao natural dos cidadãos, e os éditos e ordenanças à natureza dos lugares, das pessoas e do tempo. Pois apesar do que diz Baldo, que a razão e a equidade natural não estão limitadas nem atadas aos lugares, cabe aí uma distinção, a saber, quando a razão é universal, e não quando a razão particular dos lugares e das pessoas recebe uma consideração particular.

---

[2] Plutarco, Catão o Censor.

O bom arquiteto acomoda seu edifício
à matéria que encontra no lugar

Isso faz também com que se deva diversificar o estado da República de acordo com a diversidade do lugar, a exemplo do bom arquiteto, que acomoda seu edifício à matéria que encontra no lugar. Assim deve fazer o político sábio, que não pode escolher o povo tal como gostaria, como diz Isócrates no elogio de Busíris rei do Egito, que ele estima muito por ter sabido escolher bem o país e o povo mais apropriados que existem no mundo para reinar.

Portanto, falemos primeiramente do natural dos povos do Setentrião e do Meridião, depois dos povos do Oriente e do Ocidente, e da diferença entre os homens das montanhas e aqueles que permanecem na planície ou nos lugares pantanosos, ou batidos por ventos impetuosos. Depois falaremos também como a disciplina pode mudar o reto natural dos homens, rejeitando a opinião de Políbio e Galeno, que sustentaram que o país e a natureza dos lugares determinam necessariamente os costumes dos homens.

Divisão dos povos

Para melhor entender a variedade infinita que pode existir entre os povos do Setentrião e do Meridião, dividiremos todos os povos que habitam a Terra deste lado do Equador em três partes: a primeira será a dos trinta graus do Equador para cá, que atribuiremos às regiões ardentes e povos meridionais; e os trinta graus seguintes aos povos médios e regiões temperadas, até o sexagésimo grau em direção ao Polo; e daí até o Polo serão os trinta graus dos povos setentrionais e as regiões de frio excessivo. A mesma divisão poderá ser feita para os povos do outro lado do Equador, em direção ao Polo Antártico. Depois dividiremos os trinta graus dos lugares ardentes pela metade: os quinze primeiros mais moderados, entre o Equador e os trópicos, os outros quinze mais ardentes sob os trópicos. Pelo mesmo meio tomaremos os quinze graus seguintes da região temperada que se estendem até o 45° grau e são mais meridionais, e os quinze outros até o 60° grau, que são mais destemperados em frieza e puxam mais para o Setentrião. E os quinze seguintes até o 75° grau, onde há vários povos e Repúblicas, embora aí os homens sejam muito castigados pelo frio; mas quanto aos outros 15 graus até o Polo, não devem ser levados em consideração porque não há ou então há muito poucos homens, que vivem como bestas selvagens nas cavernas, como os mercadores relataram e as histórias no-lo certificam[3]. Dei a razão dessas divisões num livro específico sobre o método das histórias, e não é necessário ir mais adiante.

Aristóteles e Hipócrates em acordo

Fixados esses pontos, será mais fácil julgar a natureza dos povos, pois não basta dizer que os povos do Setentrião têm a força, grandeza e beleza do corpo e pouco espírito, e ao contrário que os povos meridionais são fracos, pequenos, morenos e que têm maior vivacidade de espírito, visto que a experiência nos ensina que os povos que são muito setentrionais são pequenos, magros e curtidos pelo frio, o que até Hipócrates admite. É preciso conciliá-lo com os outros colocando esses limites que citei, e assim se compreenderá as palavras de Hipócrates sobre os povos que estão além do 70° grau em direção aos Polos. Faremos o mesmo julgamento do que Hipócrates escreveu, e depois dele Aristóteles, que os povos do Setentrião têm a cabeleira loira e solta; contudo, Galeno diz que eles têm os pelos vermelhos, o que se deve entender daqueles que estão situados em torno do 60° grau. De fato, há uma grande quantidade deles na Inglaterra, que os habitantes dizem ser descendentes dos dinamarqueses e suecos, notados por seus cabelos vermelhos, que ocuparam a Inglaterra.

Os povos do Setentrião têm os olhos verdes e o cabelo loiro

Mas desde a costa báltica até o 45° grau deste lado, os povos têm geralmente o cabelo loiro. E antigamente, quando os povos não eram tão misturados como são desde então, reconhecia-se o homem setentrional pelo cabelo loiro e os olhos verdes, tal como Plutarco, Tácito, Juvenal e de nossa memória o barão de Herbestein[4] notaram. E como discorri no livro sobre o método das histórias, mostrei que Amyot intérprete de Plutarco sobre a vida de Mário verteu estas palavras ὀμμάτων χαροπότητα como olhos ruivos e castanhos, ao invés de olhos verdes como deveria ter vertido, o que

---

[3] Olaus e Saxo Grammaticus.
[4] Na História da Moscóvia.

é bastante notório. Mas aqueles que vivem em torno do 60° grau têm quase todos olhos de coruja e a cor da água embranquece nos seus olhos. Por isso eles têm a vista muito débil de dia e enxergam melhor na escuridão, como as corujas e outros animais semelhantes chamados de hemeralopes. O que eu digo me foi assegurado pelo embaixador lituano Pruinski e por Holster, comissário das guerras, nativo de Estocolmo na Suécia, que tem cabelo de vaca e olhos de coruja. Tal cor, força e grandeza vêm, como diz Aristóteles[5], do calor interior, como aqueles da África têm os olhos negros por causa do pouco calor que possuem nas partes interiores, tendo sido aspirado pelo calor e mais ainda pela secura do Sol, enquanto o frio conserva o calor do povo do Setentrião, se não for tão veemente a ponto de extingui-lo. Isso faz com que os homens que habitam além do 75° grau sejam fracos, pequenos e todos curtidos pelo frio extremo, que é tão excessivo que muitos morrem, como relatam os mercadores. O barão de Herbestein[6] escreve até que a saliva às vezes cai gelada, coisa que pode parecer inacreditável. Mas é certo que o mar Báltico gela tanto que os exércitos atravessam da terra firme para as ilhas, enquanto o calor no verão é às vezes tão ardente que queima não somente os frutos da terra, mas também as casas e vilas, como o mesmo autor escreve que ocorreu na Moscóvia em 1525, o que também aconteceu na Polônia em 1552, como escreve o historiador Thomas Cromer. O mesmo caso aconteceu na Inglaterra em 1556, como vi nas cartas do senhor de Nouailles, embaixador na Inglaterra para o rei da França, nas quais ele assegura que o calor havia sido tão veemente que a chama acesa pelo Sol queimou em toda uma região os frutos e as vilas.

O calor é mais ardente no verão nos países frios que nos países quentes

É o que diz Aristóteles nos *Problemas*, que o ardor é maior nos países frios que nos países quentes. Mas isso se aplica aos lugares aquáticos e onde há alguma montanha que dobra o calor por reverberação, como aconteceu com a cidade de Naim na Gasconha, que queimou inteiramente com o ardor do Sol do meio-dia em 1540, e com a cidade de Montcornet, perto

---

5 Nos Problemas.
6 Na História da Moscóvia.

de Laon, que queimou no mês de maio de 1574 de modo espantoso, pois o fogo voa pelas ruas e pelas praças muito distantes das casas onde o fogo havia começado. Isso porque a sua situação é tal como eu disse, e o vapor espesso retém o calor, o que os mestres das estufas sabem muito bem, já que, para economizar madeira, jogam água dentro das estufas. Portanto, como o país do Setentrião abunda em rios, lagos e fontes, os vapores elevados recebem e retêm o calor mais ardente no ar, como nas regiões meridionais ele é mais veemente no solo, pois assim como o calor é mais violento no metal que na madeira, e mais na madeira grossa que na fina, assim também o Sol tem mais efeito na terra que no ar, e mais no ar vaporoso das regiões aquáticas que nos países secos, onde o ar é sutil e sem corpo sensível. Essa pode ser a causa pela qual Deus fez o país meridional pouco chuvoso e pouco aquático, e os lugares mais aquáticos que se encontram no país meridional são geralmente expostos ao Setentrião e cobertos de montanhas do lado do Meridião. Assim a Aquitânia, que tem esse nome por causa da abundância de águas, tem os montes Pireneus, a Berbéria tem a monte Atlas, incrivelmente alto, do qual as fontes e rios saem todos em direção ao Setentrião, como lemos em Leão d'África. De outro modo, o Sol lançaria seus raios diretamente sobre esse país e o tornaria inabitável, quando na verdade é dos mais abundantes do mundo e dos mais bem povoados.

Ora, assim como no inverno os lugares subterrâneos e as partes interiores dos animais retêm o calor que no verão se evapora, assim também acontece com os povos situados no país setentrional, que têm o calor interior mais veemente que o dos povos do país meridional, calor que faz com que as forças e potências naturais sejam maiores em uns do que nos outros, e que faz também com que uns sejam mais esfomeados, que devorem e cozinhem melhor que os outros, por causa do frio da região, que reduz o calor natural. Desse modo, os exércitos que avançam do país meridional para o Setentrião ficam mais vigorosos e animados, como aconteceu com o exército de Aníbal ao entrar na Itália, e com os exércitos dos mouros e árabes que entraram na Europa, e com os sete mil espanhóis que entraram na Alemanha sob o imperador Carlos V, e com os quatro mil gascões que foram socorrer o rei da Suécia, pois todos eles obtiveram belas vitórias.

Por que os exércitos dos povos do Setentrião enlanguescem ao chegar no país meridional

Ao contrário, os exércitos do povo setentrional enfraquecem-se e enlanguescem quanto mais avançam no país meridional, mesmo no verão, como se viu com evidência nos Cimbres, dos quais Plutarco testemunha que estavam todos derretidos em suor e enlanguescidos pelo calor que sentiram na Provença, que os teria logo matado se não tivessem sido antes derrotados pelos romanos. Foi o que aconteceu com os franceses diante de Nápoles e com os lansquenetes que entraram na Itália sob o comando de Carlos de Bourbon e de Georges Fronsperg; depois de saquearem Roma, dez mil morreram sem dar um golpe antes que findasse o ano, como escreve Guichardin. Sabe-se claramente que o mesmo acontece com os rebanhos que vão do país do Setentrião para o Meridião, pois perdem sua gordura e seu leite e só fazem piorar, o que Plínio notou e os mercadores experimentam todos os dias. E assim como o espanhol redobra seu apetite e suas forças ao passar da Espanha para a França, assim também o francês se torna lânguido e desgostoso ao passar para a Espanha, e se quiser beber e comer como na França corre perigo de não ter vida longa.

Por que os povos do Meridião são abstinentes

Até os povos do Setentrião sentem um langor e uma fraqueza de coração quando sopra o vento do Meridião[7]. A mesma razão nos ensina por que os homens e os animais, e até os pássaros, que sentem mais subitamente a mudança, engordam no inverno e emagrecem com o calor. Se Leão d'África e Francisco Álvares, que escreveram as histórias da África e da Etiópia, tivessem atentado para essa razão que é natural, não teriam louvado tanto a incrível abstinência desses povos, pois eles não podem ter apetite já que lhes falta o calor interior.

Por que os povos do Setentrião são esfomeados

Tampouco se deve culpar os povos do Setentrião por serem mais esfomeados e devorarem mais avidamente que os do Meridião, visto o calor,

---

[7] Aristóteles, Problemas.

a grandeza e a gordura dos homens. Os mesmos efeitos se encontram na região antártica, pois lemos nas histórias das Índias que Fernão de Magalhães encontrou perto do estreito ao qual deu seu nome gigantes patagões, tão grandes e tão poderosos que oito espanhóis armados não conseguiam segurar um só; de resto, eram pessoas muito simples e desajeitadas. Ora, assim como o povo do Setentrião ganha pela força e o povo do Meridião pela astúcia, assim também aqueles do meio participam igualmente de uma e de outra, e são mais afeitos à guerra, na opinião de Vegécio e de Vitrúvio. É por isso que estabeleceram os grandes impérios, que floresceram em armas e em leis. E a sabedoria de Deus distribuiu tão bem suas graças que nunca uniu a força grande com grande argúcia de espírito, nem nos homens, nem nos animais, pois não há nada mais cruel que a injustiça armada de poder.

Os povos das regiões médias são os mais temperados de espírito e de corpo

Por conseguinte, os povos das regiões médias têm mais força que os do Meridião, mas menos astúcia, e mais espírito que os do Setentrião, mas menos força, e são mais aptos a comandar e governar as Repúblicas, e mais justos nas suas ações. E se considerarmos as histórias de todos os povos, veremos que tal como os grandes exércitos e poderes vieram do Setentrião, também as ciências ocultas, a filosofia, a matemática e outras ciências contemplativas vieram do povo meridional. E as ciências políticas, as leis, a jurisprudência, a graça de bem dizer e de bem discorrer tiveram seu começo e origem nas regiões médias, e todos os grandes impérios nelas foram estabelecidos, como os impérios dos assírios, medos, persas, partos, gregos, romanos e celtas. Embora os árabes e mouros tenham usurpado por algum tempo os impérios da Pérsia, da Síria, do Egito e da Berbéria e sujeitado boa parte da Espanha, eles não puderam sujeitar a Grécia nem a Itália, e quando quiseram sujeitar a França foram vencidos, e o exército de trezentos mil homens que haviam trazido foi derrotado. Os romanos estenderam de fato seu poder sobre os povos do Meridião e do Oriente, mas não conquistaram muitos povos do Ocidente e do Setentrião, embora tivessem vencido todos os outros povos. Não obstante, empregavam todas as suas forças e tinham muito trabalho para resistir ao assalto e defender-se dos golpes dos povos do Setentrião, que não tinham nem cidades muradas, nem fortalezas, nem castelos, como diz Tácito ao falar dos alemães.

Povo do Setentrião espalhado por todo o Império Romano

Embora Trajano tivesse feito uma ponte admirável sobre o Danúbio e vencido Decebalus rei dos dácios, o imperador Adriano seu sucessor mandou demoli-la por temer que os povos do Setentrião viessem subjugar o império e o poderio dos romanos, como fizeram depois que o imperador Constantino cassou as legiões romanas que guardavam os rios Reno e Danúbio, pois logo depois os alemães, depois os godos, ostrogodos, vândalos, francos, borguinhões, hérulos, húngaros, gépidas, lombardos, e após algum tempo os normandos, tártaros, turcos e outras nações cíticas invadiram as províncias que os romanos detinham. E embora os ingleses tivessem tido grandes vitórias sobre os franceses e conquistado o reino que lhes é meridional, há novecentos anos eles não conseguem expulsar os escoceses da ilha. Todavia se sabe que os franceses têm mais homens que os ingleses, e estes mais que os escoceses. Pode-se ver o mesmo nos turcos, povo setentrional que estendeu a grandeza do seu império às mais belas regiões da Ásia, África e Europa e sobre quase todo o mar Mediterrâneo; porém, foram derrotados pelos tártaros e têm muita dificuldade em resistir aos moscovitas. Também lemos que, desde muito antigamente, Deus sempre ameaça os seus com povos do Setentrião, tidos como gente belicosa, violenta, impudente e impiedosa[8].

Afinal, embora os homens estejam muito diminuídos em número, força, grandeza e vigor da idade com relação aos antigos (como Plínio diz que todos os autores reclamam em seus escritos) e embora se veja também que não há mais exércitos de quinhentos ou seiscentos mil, ou até de dois milhões e quinhentos mil combatentes, como lemos nas histórias profanas e sagradas, e embora não se encontre mais cidade semelhante a Crotona, que tinha 12 léguas de perímetro, nem a Babilônia, que tinha trinta de quadrado, nem homens de sete, oito ou nove côvados de altura (como se vê nas histórias dos hebreus e dos gregos), mesmo assim os povos de Aquilon são geralmente

---

8 *Lib. sapientiae* 2, Isaías cap. 14, 41, 49, Jeremias cap. 34, 6, 13, 15, 10, 23, 25, 46, 47, 50, 51, Ezequiel 8, 48, Daniel 2, Zacarias 2.

maiores, mais fortes e mais poderosos, como gigantes, com relação aos do Meridião. Assim, a lei militar dos romanos, que não dispensava de ir à guerra o soldado que não tivesse completado 55 anos[9], e às vezes o obrigava além dessa idade, não teria sido conveniente para os lacedemônios, embora fossem tão bem exercitados nas armas quanto os romanos. Isso porque, por serem mais meridionais, eles não eram tão vigorosos, e por isso dispensavam o soldado depois de completados quarenta anos[10]. Pois a força e o vigor só vêm do calor interior, que faz com que os povos do Setentrião sejam e tenham sempre sido grandes bebedores, como testemunha o provérbio grego "beber na Cítia". Tácito não esqueceu isso ao falar dos costumes dos alemães, mas ele se engana ao dizer que eles bebem mais e comem menos por causa do frio e da esterilidade do país. É o contrário, pois a sede não é outra coisa senão um apetite de frio e de humor, e a fome um apetite de secura e de calor, e como os povos do Setentrião têm o calor interior muito maior sem comparação com os do Meridião, precisam de fato beber mais. Além disso, os povos do Setentrião têm o couro mais mole, mais peludo e sujeito a suar e respirar o humor que os povos do Meridião, que têm o couro duro, com pouco pelo, que se encarquilha com a secura, suportando facilmente o calor sem suar. Porém, eles não suportam facilmente o frio nem o humor, como se soube dos espanhóis que morreram de frio em grande número nas altas montanhas do Peru, pois, por terem pouco calor dentro de si, se forem atacados pelo frio exterior eles sucumbem. Essa é a razão pela qual todos os povos do Meridião invernam nas guarnições, enquanto os povos do Setentrião fazem a guerra com mais ardor[11], suportando o frio exterior graças ao grande calor interior.

Prova entre os bastardos e os legítimos

Galeno escreve até que eles mergulham as crianças na água fria assim que elas saem da barriga da mãe. É verdade que o imperador Juliano dizia que ele havia visto colocar as crianças no Reno para tirar a prova entre os bastardos e os legítimos, estimando legítimos os que flutuavam e bastardos os que iam ao fundo. E assim como os povos do Setentrião ficam facilmente entorpecidos

---

[9] Políbio liv. 6.
[10] Plutarco, Agesilau.
[11] Agátias e Crantzius na História da Polônia.

enlanguescidos de calor, assim também eles logo ficam extenuados de trabalho em país meridional ou em tempo quente. Percebeu-se isso pela primeira vez na jornada de Plombin, na qual os celtas, cercados por dois exércitos dos romanos, combateram em duas faces, e após lançarem seu primeiro ataque foram logo vencidos. Políbio diz que é preciso apenas aparar os golpes durante algum tempo para vencer os celtas, que se pensava serem invencíveis. Depois César tirou a mesma conclusão, dizendo dos gauleses que eram mais do que homens no começo da batalha, e no final menos do que mulheres, coisa que é ainda mais natural dos alemães e outros povos do Setentrião, como diz Tácito, que os havia conhecido por longa experiência. Pois os gauleses, inclusive aqueles de Languedovich, ocupam a região média entre o frio e o calor extremo, ainda que a qualidade de lugar ocidental torne o país mais frio. Ora, aqueles que estão no meio são impacientes com o frio e o calor, o que testemunha César a respeito dos gauleses, mas toleram mais facilmente o frio que os espanhóis, e mais o calor que os alemães. E assim como os povos das regiões médias assemelham-se às duas extremidades em humor, também aproximam-se de uns e outros em costumes e compleições. E como Deus, com sua sabedoria admirável, ligou todas as coisas por meios apropriados às extremidades, por isso vemos que ele manteve essa ordem entre os povos do Setentrião e do Meridião, que não podem entender-se devido à contrariedade de costumes e de humores que têm entre si. Esse é um ponto muito considerável quando se trata de mediar a paz ou tratar aliança entre duas nações tão contrárias, ou conduzi-las na guerra, a fim de colocar entre ambas a nação média e de juntar aqueles que têm afeições moderadas aos outros que têm as paixões da alma imoderadas, como Galeno diz que os alemães e árabes não têm nada em comum com a temperatura louvável própria dos homens da Ásia Menor, que está não somente no meio entre o Polo e o Equador, mas também entre a Índia Oriental e a França Ocidental.

A cortesia e humanidade vindas da Ásia

É por isso que Cícero dizia que a civilidade e a cortesia nasceram na Ásia Menor e estenderam-se por toda a Terra. Mas Aristóteles, na minha opinião, enganou-se ao dizer que os povos fustigados pelo calor ou pelo frio extremos são bárbaros, visto que o contrário se verifica nas histórias e na experiência que se tem geralmente dos povos do Meridião, que são muito mais engenhosos que os povos médios. Heródoto nos deixou por escrito que os egípcios eram os mais astutos e engenhosos homens do mundo. Setecentos anos depois dele, César, nas memórias da guerra civil, fez o mesmo julgamento ao dizer que os de Alexandria copiavam com tamanha habilidade as máquinas dos romanos que parecia que os romanos não faziam senão macaqueá-los; ele usa estas palavras: *Ipsi homines ingeniosissimi ac subtilissimi*. Não obstante, o Egito está em parte sob o trópico, onde faz mais calor que sob o Equador, na opinião de Posidônio e dos espanhóis. Os romanos fizeram o mesmo julgamento dos povos da África que eles chamavam de *Pœnos*, que enganaram amiúde os romanos e romperam o poder deles graças à destreza de seu espírito. Por isso Columella chama-os de *gentem acutissimam*. Mas eles não têm o espírito tão gentil quanto os egípcios porque não estão em país tão meridional como os egípcios.

Natural dos franceses

Sem ir tão longe, temos a prova disso neste reino, onde a diferença dos espíritos se descobre com relação aos ingleses, que se queixavam a Felipe de Commines e se admiravam que os franceses perdessem no mais das vezes as batalhas contra eles e que eles ingleses ganhassem sempre nos tratados que faziam. Podemos dizer o mesmo dos espanhóis, que há cem anos não fizeram tratado com os franceses em que não levassem vantagem, o que demoraria para explicar em detalhes. Tomarei somente o tratado de Cambrésis, feito no ano de 1559. Não se pode negar que a força do rei da França era grande para opor-se aos inimigos. No entanto, o espanhol ganhou mais nesse tratado sem dar um só golpe do que havia feito nos 40 anos anteriores, e nunca tivera a esperança, como confessou depois, de tirar a Saboia e o Piemonte das mãos dos franceses. Pois embora o duque da Saboia, Príncipe virtuoso e generoso, muito o merecesse, tanto pela equidade da sua causa quanto pela aliança com a casa de França, ele não esperava desfecho tão feliz de seus negócios. Isso foi manejado com tamanha destreza pelo espanhol que ele levou toda a graça da boa ação e o seu fruto principal, tendo ao mesmo tempo diminuído o estado da França, que se estendia até as portas de Milão, e colocado o duque da Saboia como uma barreira entre a Itália e a França para retirar aos franceses a possibilidade de almejar ou reivindicar algo na Itália. Não se pode negar que aqueles que tinham o encargo de capitular do lado dos franceses não tenham empregado toda a discrição, fé e lealdade que podiam. Mas tenho de fonte segura que foi decidido no conselho da Espanha que se devia procrastinar as negociações e que o natural do francês era tão impetuoso e ativo que ele concederia o que se lhe pedia por enfadar-se com as idas e vindas e as demoras próprias do espanhol, que não foram esquecidas nesse tratado. Também se observou que, em todas as sessões e assembleias feitas pelos deputados, os franceses sempre foram os primeiros no conselho, ainda que empregassem todas as suas pessoas para espionar, de modo que às vezes entravam por último, eles foram sempre enganados pelas tramoias dos espanhóis e impaciência dos franceses, que pareciam por esse meio pedir a paz.

Isso não é defeito que se deva imputar àqueles que tinham o encargo de tratar a paz, mas à natureza, que é difícil de vencer, pois lemos coisa semelhante sobre os embaixadores franceses que negociaram com os embaixadores do Imperador, de Veneza, da Espanha, de Ferrara, do duque de Milão. Nossa maneira, diz Felipe de Commines, não é de falar pausadamente, como eles fazem, pois às vezes falamos dois ou três juntos, e o duque dizia "ho", um a um. Disso se pode julgar, como de muitas outras marcas, o natural do espanhol, que, por ser muito mais meridional, é mais frio, mais melancólico, mais ponderado, mais contemplativo, e por conseguinte mais engenhoso que o francês, que devido ao seu natural não consegue parar para contemplar nem manter-se quieto, por ser bilioso e colérico, o que o torna mais ativo, célere e diligente, e até tão impetuoso que ao espanhol parece correr quando está andando. Isso faz com que o espanhol e o italiano gostem do criado francês devido à sua diligência e ânimo em todas as ações. Por isso, todos os anos uma quantidade infinita deles vai para a Espanha – como vi quando estava em Narbona e também nas regiões da Auvergne e do Limousin – para construir, plantar e lavrar as terras e fazer todos os serviços manuais que o espanhol não faria, e quase morreria de fome de tanto que é preguiçoso e vagaroso nas suas ações. De fato, a Espanha é povoada quase só por franceses, como se verificou quando o prior de Cápua quis tomar Valença por meio das galeras francesas. Quis-se então expulsar os franceses de Valença, mas havia lá dez mil deles, que foram todos protegidos pelos espanhóis.

De onde provém a variedade de cor nos rostos

Não se deve duvidar que os homens que provêm da mistura desses dois povos são mais talentosos que ambos. Pois desejar-se-ia no espanhol ânimo e prontidão maiores que os que ele tem, e no francês ações e paixões mais moderadas, como parece que o italiano tem, porque está na situação mais temperada possível entre o Polo e o Equador e no meio da Ásia, da África e da Europa, inclinada um pouco em direção ao Oriente e ao Meridião. E assim como aqueles que estão nas extremidades dos polos são pituitosos e o meridional melancólico, assim também que estão trinta graus aquém do Polo são mais sanguíneos, e aqueles que se aproximam do meio mais sanguíneos e coléricos, e em direção ao Meridião mais coléricos e melancólicos. Por isso eles são mais tingidos de preto e amarelo, que são as cores da melancolia preta e da cólera amarela. Ora, Galeno admite que a pituíta torna o homem vagaroso e pesado, o sangue alegre e robusto, a cólera ativo e disposto, a melancolia constante e ponderado. Segundo houver mais ou menos dos quatro humores misturados juntos, tantas variedades haverá, o que Teodoro Duca, da casa de Láscaris imperador de Constantinopla, esforçou-se para classificar em 92 espécies, compondo com os quatro humores a razão e as duas partes da alma bestial, a saber, a coragem e a cupidez. Mas como suas opiniões não são fundadas nem em prova de exemplo algum nem em razão necessária, e como ele não faz nenhuma distinção entre as partes do mundo nem os lugares aquáticos, montanhosos e ventosos, nem entre a doutrina ou as leis, que dariam um número infinito com a comparação de mais e menos, eu seguirei o que a razão aparente nos mostra e a experiência nos faz conhecer a olho nu. Acrescente-se que as histórias antigas concordam que os povos do Setentrião não são nem maliciosos nem ardilosos como as nações meridionais. A esse respeito, disse Tácito ao falar dos alemães: "É um povo que não é nem astuto nem ardiloso, e revela seus segredos à guisa de passatempo; depois facilmente se esquecem de suas promessas". Encontramos esse mesmo julgamento sobre os citas em Heródoto, Justino e Estrabão. Eis porque os antigos Príncipes tanto quanto os de hoje não tiveram outro corpo de guarda senão os citas, trácios, alemães, suíços, circassianos. Até as senhorias de Ragusa e de Gênova não têm outra guarda a não ser de alemães e suíços.

Os povos do Setentrião não são ardilosos

Além disso, os reis da África além do monte Atlas só têm guarda de soldados da Europa, e embora sejam maometanos preferem confiar nos cristãos renegados que nos habitantes do seu próprio país. Isso foi feito primeiramente pelo grande Mansor, imperador da África e da Espanha. Depois o rei de Túnis teve mil e quinhentos cavaleiros ligeiros cristãos renegados e uma guarda de escravos turcos e cristãos, como diz Leão d'África, pois sabia que o povo setentrional tem mais força que astúcia, e que recebendo pagamento do Príncipe permanece sempre dedicado a proteger sua vida e vingar suas injúrias sem aspirar ao seu estado, por mais tirano que seja. É por isso que Querea, capitão dos guardas do imperador Calígula, após ter matado seu Príncipe foi imediatamente morto pelos arqueiros da guarda, que eram alemães e não podiam, diz Josefo[12], segurar seu apetite nem sua vingança. Os antigos também notaram nos povos do Setentrião barbárie e crueldade. Até Tucídides, filho de Oloro rei da Trácia, chama os trácios de nação crudelíssima, e Tácito diz, ao falar dos alemães: "Eles não mandam matar os culpados por forma de justiça, mas por crueldade, como fariam com os inimigos". Contentar-me-ei com exemplos novos sem buscar os antigos. Temos um notável na história da Polônia[13], executado pelos da Transilvânia na pessoa de Jorge capitão dos rebeldes; tendo-o capturado, fizeram com que seus soldados jejuassem três dias inteiros e fizeram com que comessem seu capitão meio assado, e depois ainda suas entranhas fervidas, antes de matá-los.

Estranhas crueldades dos povos do Setentrião

Deixo de lado as crueldades estranhas de Drácula duque da Transilvânia e de Oto Trucces, que mandou assar em fogo baixo o assassino de seu tenente durante a guerra dos camponeses. Depois disso, o capitão Grombach, alemão, foi condenado a ter o coração arrancado, ainda vivo, e o rosto espancado; o julgamento foi executado. Também vemos que o suplício da roda era encontrado na Alemanha e o empalamento dos homens vivos na Tartária, embora não seja menos cruel na Lituânia, onde se obriga os condenados a enforcarem a

---

12 Liv. 19 cap. 1.
13 Jovius e Crantzius.

si próprios ou então a chicotearem e torturarem uns aos outros para depois se enforcarem. Isso me faz pensar que as crueldades do rei da Moscóvia, publicadas e impressas, são verossímeis. Pois quanto menos os homens têm razão e juízo, mais se aproximam do natural brutal das bestas, que não podem obedecer à razão nem comandar, a não ser como bestas. Ao contrário, o povo meridional é cruel e vingativo devido à natureza da melancolia, que oprime as paixões da alma com violência extrema e emprega o espírito a vingar sua dor. Políbio, ao falar da guerra entre os espendianos e cartagineses, povos da África, diz que nunca se ouviu nem viu guerra na qual a perfídia e crueldade fosse maior, e todavia não passa de brincadeira perto das carnificinas contadas por Leão d'África, e na nossa época entre Muleasses e seus próprios filhos.

Crueldades terríveis dos povos do Meridião

Até o rei de Tenesme, solicitado por Josefo rei do Marrocos a submeter-se à sua obediência, à qual seu avô se havia subtraído, matou seus embaixadores, com o que o rei do Marrocos, irritado, matou um milhão de pessoas no reino de Tenesme e não deixou lá nem cidade, nem castelo, nem casa, nem animal, nem árvore. Leão d'África[14] vai mais além ao falar de Omar Hussein, ministro maometano que queria ser rei; depois de tomar a praça de Ungiasen, não se contentou em mandar matar todos, mas arrancou os filhos do ventre e os desmembrou sobre o estômago das mães. O mesmo autor escreve que Isaac rei de Tombut na África, após capturar o rei de Gagao, de repente mandou matá-lo e castrar todos os seus filhos para que lhe servissem como escravos, fazendo o mesmo com todos os reis que capturou. Lemos crueldades iguais ou maiores nas Índias recentemente descobertas, pois os brasileiros não se contentam em comer seus inimigos, mas também banham as pequenas crianças no seu sangue. Porém, a crueldade é notada ainda mais quando se trata dos homens executados por forma de justiça, coisa que se deve fazer sem paixão e com juízo são. Não obstante, encontramos suplícios que eram antigamente usados na Pérsia e ultrapassam qualquer crueldade[15]. E no Egito ainda hoje esfolam vivos os ladrões, depois enchem de feno sua pele e colocam-na sobre um asno ao lado daquele que foi esfolado. Ora, os povos médios não poderiam

---

14 Liv. 2.
15 Plutarco, Artaxerxes; Heródoto liv. 7.

ver nem mesmo ouvir sem horror tais crueldades. Parece que os romanos por essa causa deixavam morrer de fome os condenados, e os gregos lhes davam de beber a cicuta, que é o veneno mais doce; os de Quios ainda misturavam água a ela para retirar o amargor, como diz Teofrasto.

Portanto, podemos perceber a crueldade diferente dos povos do Setentrião e do Meridião na medida em que aqueles procedem com impetuosidade brutal, como bestas sem razão, e estes como raposas empregam todo seu espírito a saciar sua vingança. E como a melancolia só pode ser retirada do corpo com muita dificuldade, também as paixões da alma causadas pela melancolia abrasiva não são fáceis de acalmar, o que faz com que aqueles que são muito submetidos a esse humor se tornem mais furiosos com mais frequência que os outros se não tiverem meios de aliviar suas afeições.

Por que os povos do Meridião são mais vingativos que os outros e frequentemente mais insensatos

É por isso que há mais furiosos nas regiões meridionais que na direção do país setentrional. Assim, Leão d'África escreve que os reinos de Fez e do Marrocos possuem um número muito grande deles. Também na direção de Granada, que é mais meridional, há vários hospitais estabelecidos apenas para os furiosos. Ora, a variedade dos insensatos revela o humor natural do povo, pois embora haja boa distribuição de loucos em toda parte, e de todas as espécies, geralmente os loucos do país meridional têm muitas visões terríveis, pregam e falam em várias línguas sem tê-las aprendido e são possuídos às vezes por espíritos malignos, tendo o corpo atenuado e aproximando-se mais da natureza dos espíritos incorporais que os homens mais corpulentos e sanguíneos do lado do Setentrião, que só fazem dançar, rir e saltar na sua loucura. Esta se chama na Alemanha de doença de São Vito, que se cura com instrumentos de música, seja porque a cadência harmoniosa e medida submete a razão desvairada ao seu princípio.

Por que a música cura os furiosos e afugenta os diabos

Seja porque a música cura as doenças do corpo por meio da alma, tal como a medicina cura a alma por meio do corpo, seja porque os espíritos malignos que agitam algumas vezes tanto uma quanto o outro têm horror da harmonia divina e tomam prazer nas dissonâncias. Assim se lê que o espírito maligno fugia ao ouvir o som da harpa e deixava o rei Saulo repousar. Parece ter sido essa a causa pela qual Eliseu, quando quis profetizar, fez soar um instrumento de música na presença dos reis da Judeia e da Samaria. E assim que Saulo encontrou a trupe sagrada dos profetas tocando instrumentos de música, imediatamente o espírito de Deus apoderou-se dele. Também pode ser que os espíritos malignos se acomodem ao humor do sujeito que possuem, pois vemos os homens de humor colérico golpear na sua fúria, o que não acontece com os sanguíneos e menos ainda com os pituitosos, que têm uma letargia, que é uma fúria estúpida e adormecida. E assim como o melancólico é mais sábio, se ele se torna furioso sua fúria é mais incurável, pois o humor melancólico não se deixa manipular como os outros. Já os sanguíneos, embora não sejam furiosos com tanta frequência, são muitas vezes insensatos, o que nunca acontece com os sábios.

Ora, o que dissemos sobre o povo meridional, que é geralmente mais ponderado, mais prudente, mais moderado em todas as suas ações, se conhece a olho nu, não somente em vários povos e vários reinos, mas também neste reino se vê com evidência. Isso parece ter sido a causa pela qual aqueles que fizeram os costumes limitaram a maioria nos lugares mais para o Setentrião a 25 anos, e nos outros a 19 ou 20 anos, exceto nos países marítimos, onde os homens, devido ao comércio e à navegação, são sempre mais astutos. Não posso esquecer sem ingratidão para com meu local de nascimento o julgamento que os antigos fizeram da cidade de Angers, que se vê nas cartas-patentes do rei Carlos, o Sábio, que ele outorgou para os privilégios da universidade da cidade de Angers e que é tal como se segue, palavra por palavra: QUOD QUE INTER REGIONES ALIAS REGNI NOSTRI, CIVITAS ANDEGAVENSIS VELUTI FONS SCIENTIARUM IRRIGUUS VIROS ALTI CONSILII SOLET AB ANTIQUO PROPAGATIONE QUASI NATURALI PROVIDERE. As cartas são do primeiro dia do mês de agosto de 1373.

Ainda temos uma diferença notável entre o povo meridional e o setentrional, a saber que este é mais casto e pudico, e o meridional muito lúbrico, o que lhe sucede por causa da mesma melancolia espumosa e abrasiva. Isso faz com que os monstros venham ordinariamente da África, que Ptolomeu diz estar sob Escorpião e Vênus, acrescentando que toda a África adorava Vênus. E Tito

Lívio, ao falar dos númidas, que eram os mais meridionais de todos os súditos e aliados dos romanos, disse: *Ante omnes Barbaros Numidae in Venerem effusi*. Também lemos[16] que os reis da África e da Pérsia tinham sempre haréns de mulheres, o que só pode ser imputado aos costumes depravados, visto que nas ilhas novas o rei Alcazares tinha quatrocentas mulheres e o pai de Atabalipa, último rei do Peru, que foi derrotado pelos Pizarros, tinha duzentas mulheres e cinquenta filhos. E o rei de Gilolo tinha seiscentos filhos, tanto quanto Herotino rei dos partos[17], e tinham também um número muito grande de mulheres. E Sureno, general do exército dos partos que venceu Crasso, tinha dez mil[18]. Já os citas e alemães carecem de mulher.

Estranha maneira de castrar os homens praticada atualmente na Baixa Alemanha

César, nas suas memórias, diz que os ingleses de seu tempo só tinham uma mulher para dez ou doze, e vários homens do Setentrião, sabendo de sua impotência, castram-se por puro despeito, cortando as veias parótidas sob as orelhas, como diz Hipócrates. Este, ao procurar a causa dessa impotência, conclui que é a frieza do ventre e por andarem ordinariamente a cavalo. No entanto, Aristóteles diz exatamente o contrário com respeito à agitação do cavalo. E quanto à frieza do ventre, é certo que os povos dos países frios queimam de calor interior, como mostramos, e que o povo meridional é frio. É portanto a natureza da melancolia abrasiva que tem mais força no povo meridional, como Aristóteles escreve nos *Problemas*, nos quais ele pergunta por que os melancólicos são mais salazes. Pode-se ver isso na lebre, que é o mais melancólico de todos os animais e o único que concebe estando ainda prenhe, tanto o macho quanto a fêmea, como os antigos notaram e a experiência nos ensina. Assim, podemos julgar que os historiadores se enganaram ao louvar altamente a castidade e pudicícia dos citas, alemães e outros povos do Setentrião, como César nas suas memórias, que diz: "É coisa desonesta e muito vil entre os alemães conhecer mulher antes da idade de vinte e cinco anos, mas tampouco se escondem delas".

---

[16] Heródoto liv. 3; Diodoro liv. 2; Josefo, Antiguidades liv. 4.
[17] Justino liv. 39.
[18] Plutarco, Crasso.

Povos do Setentrião inimigos das mulheres

Tácito diz que entre os povos bárbaros só há os alemães que se contentam cada um com uma mulher. Às vezes até vivem em perpétua virgindade, como fizeram Henrique II imperador, Casimiro I rei da Polônia, e Lancelot da Boêmia, que nunca quiseram se casar. Não era por castidade, mas antes por impotência natural. E João II grão-duque da Moscóvia tinha tamanho horror às mulheres que desmaiava só de olhar para elas, como escreve o barão de Herbestein[19] ao falar dos moscovitas, que só veem, diz ele, suas mulheres no dia das núpcias e nunca dançam. Os povos do Setentrião também são tão pouco ciumentos que Altomer alemão e Irenicus escrevem em louvor ao seu país que os homens e as mulheres em toda a Alemanha banham-se nos mesmos lugares misturados, junto com os estrangeiros, sem nenhuma mostra de ciúme, que é, diz Munster[20], totalmente desconhecido na Alemanha. Em contrapartida, os povos do Meridião sofrem tanto dele que morrem com frequência dessa doença. Lemos também na história das Índias que o rei de Puna era tão ciumento que cortava as partes pudendas e o nariz e os braços dos eunucos que guardavam suas damas.

Os povos das regiões médias mantêm uma certa mediocridade[21] nisso tudo. É verdade que a maioria tolera apenas uma mulher legítima, e embora Júlio César tenha instado Helvidius Cinna a publicar a lei sobre a poligamia[22] para que Cesarion, que ele tinha da rainha Cleópatra, fosse legitimado, a lei foi rejeitada. A mesma lei publicada por João de Leiden rei de Munster na Vestefália perturbou mais seu estado que todas as outras leis e mudanças que ele fez. Ao contrário, os imperadores romanos fizeram uma lei geral para todos os povos sem distinção, segundo a qual seria infame aquele que tivesse mais de uma mulher. Desde então a pena da infâmia foi transformada em pena capital neste reino. Mas a lei dos romanos não resistiu aos povos da África por causa dos inconvenientes dela advindos, como acontece com todos aqueles que querem acomodar todas as leis do povo meridional ao povo setentrional sem fazer distinção do seu natural. No juízo deste último muitos se equivocaram,

---

19 Sigismundo, História da Moscóvia.
20 Na descrição de Baden.
21 [N.T.]: No sentido de "meio-termo", "ponderação".
22 Suetônio, César.

até mesmo Cardan, que diz que o homem é o mais sábio de todos os animais porque é o mais quente e mais úmido, coisa totalmente contrária ao que ele devia concluir, visto que não há nada mais notório que o fato de que as bestas mais sábias são mais frias que as outras, no juízo de Aristóteles[23]. Por isso, entre as penas militares havia uma de sangrar o soldado que tinha fracassado para torná-lo mais sábio diminuindo o que é mais quente e úmido. E entre as bestas, o prêmio de sabedoria é dado ao elefante pelos antigos[24], que compuseram sobre isso vários livros nos quais dizem coisas admiráveis sobre sua docilidade. Todavia, eles asseguram[25] que esse animal é o único que tem sangue frio e é o mais melancólico de todos, coisa que o torna leproso, como também são os povos do Meridião, que são muito sujeitos à lepra, chamada pelos antigos *elephantiasis*, doença desconhecida na Grécia antes de Plutarco[26] e na Itália antes de Pompeu, como diz Plínio. Mas ele se engana ao dizer que ela era própria dos egípcios, pois toda a costa da África está cheia dela[27], e na Etiópia é uma doença popular e tão comum que os leprosos não são separados dos demais[28]. Pode ser que esse humor melancólico seja causa de longevidade, pois todos os antigos concordam que os elefantes vivem trezentos ou quatrocentos anos, e as gralhas mais ainda, embora tenham muito pouco sangue, mas são muito melancólicas. De nossa memória Francisco Álvares disse ter visto Abuna Marc, pontífice da Etiópia, com cento e cinquenta anos de idade e com boa saúde, que é a idade mais avançada que já se encontrou antigamente nos papéis do censo de Roma. E não devemos nos espantar se Homero diz que Mêmnon rei da Etiópia viveu cento e cinquenta anos, pois Xenofonte, muito tempo depois, escreve que no mesmo país havia homens que viviam seiscentos anos, embora o povo meridional seja muito sujeito ao mal caduco, às febres quartãs e às escrófulas.

Por esse discurso, podemos julgar que o povo meridional é sujeito, quanto ao corpo, às maiores doenças, e quanto ao espírito aos maiores vícios. Em contrapartida, não há povo que tenha o corpo mais disposto a viver longamente e o

---

23 *De partibus animalium* liv. 2.
24 Plutarco; Plínio; Suetônio, Nero; Díon.
25 Plínio liv. 8.
26 *Simposíacos*.
27 Leão d'África liv. 2.
28 Francisco Álvares, História da Etiópia.

espírito mais propício às grandes virtudes. Por isso, Tito Lívio, tendo louvado altamente Aníbal pelas suas virtudes heroicas, diz: "Essas grandes virtudes eram acompanhadas de enormes vícios, de crueldade inumana, de perfídia, de impiedade e desprezo por toda religião, porque os grandes espíritos são sujeitos aos grandes vícios e virtudes". Nisso se enganaram os antigos historiadores ao louvar a virtude, integridade e bondade dos citas e outros povos do lado do Setentrião, pois não merece elogio de sua bondade aquele que não tem espírito e que não pode ser mau porque não conhece nenhum mal, mas sim aquele que o conhece e pode ser mau, e no entanto é homem de bem[29]. Por isso Maquiavel se enganou ao dizer que os piores homens do mundo eram os espanhóis, italianos e franceses, pois nunca leu um bom livro nem conviveu com outros povos.

Mas se prestarmos atenção ao natural dos povos meridional, setentrional e médio, veremos que seu natural se refere aos jovens, aos anciãos e aos de meia-idade, e às qualidades que lhes são atribuídas. Assim, cada um desses três povos usa para comandar no governo da República aquilo que mais tem: o povo setentrional a força, o povo médio a justiça e o meridional a religião. O magistrado, diz Tácito, não ordena nada na Alemanha sem ter a espada em punho. E César nas suas memórias escreve que os alemães não têm religião nenhuma e só dão importância à guerra e à caça. E os citas, diz Solin, fincavam um gládio no chão e o adoravam, pondo o objetivo de todas as suas ações, leis, religião e juízos na força e nas facas. Também vemos que os combates vieram dos povos do Setentrião, como dissemos acima, e que todas as leis dos sálicos, francônios, ingleses, ripuários e outros povos do Setentrião estão cheias deles. Também a ordenança de Fronton rei da Dinamarca queria que todos os diferendos fossem resolvidos por combate. Tais leis nunca puderam ser abolidas, embora os papas e outros Príncipes tenham se esforçado, sem levar em conta que o natural do povo setentrional é totalmente diverso daquele do povo meridional. Ainda hoje na Alemanha dá-se grande importância do direito dos mercenários, que não é divino, nem humano, nem canônico, mas é o mais forte que quer que se faça o que ele ordena, como diz o capitão dos gauleses ao tesoureiro Sulpício.

Os povos médios, que são mais razoáveis e menos fortes, recorrem à razão, aos juízes, aos processos. Assim, é certo que as leis e a forma de litigar vieram dos povos médios, como da Ásia Menor (onde os grandes oradores e

---

[29] Salmo 13: qui potuit facere mala et non fecit.

discursadores tiveram a primazia), da Grécia, da Itália e da França, da qual disse um certo poeta: *Gallia causidicos docuit facunda Britannos*, pois não é de hoje que a França está cheia de processos. Por mais leis e ordenanças que se faça para suprimi-los, o natural do povo sempre retornará a eles. Mesmo assim, vale muito mais a pena decidir os diferendos por processo, se for possível, do que pelas facas. E para resumir, todos os grandes oradores, legisladores, jurisconsultos, historiadores, poetas, bufões, charlatães e outros que seduzem os corações dos homens com discursos e belas palavras são quase todos das regiões médias. Por isso vemos nas histórias gregas e latinas que, antes de empreender a mais ínfima guerra, o direito é debatido e são feitos vários discursos, denúncias e protestos solenes, o que não fazem os povos do Setentrião, que pegam logo em armas.

E assim como uns empregam a força para toda produção, como os leões, e os povos médios recorrem às leis e razões, assim também os povos do Meridião recorrem a ardis e artimanhas, como as raposas, ou então à religião. De fato, o discurso da razão é demasiado sutil para o espírito grosseiro do povo setentrional e demasiado baixo para o povo meridional, que não quer se deter nas opiniões legais e conjecturas retóricas, que balançam em contrapeso o verdadeiro e o falso, mas quer ser pago com certas demonstrações ou com oráculos divinos, que ultrapassam o discurso humano. Por isso vemos que os povos do Meridião, os egípcios, caldeus, árabes, deram destaque às ciências, as ocultas, as naturais e as que se chamam matemáticas, que atormentam os maiores espíritos e obrigam-nos a confessar a verdade. E todas as religiões ou quase tiveram início entre os povos do Meridião e de lá se espalharam por toda a Terra. Não que Deus tenha predileção por lugares ou pessoas, ou que não faça luzir sua luz divina sobre todos, mas assim como se vê o Sol muito melhor na água clara e límpida do que na água turva ou no lodaçal pantanoso, assim também a claridade divina, parece-me, reluz muito mais nos espíritos nítidos e purificados do que naqueles que são maculados e perturbados por afeições terrestres. E se assim é que a verdadeira purgação da alma se faz pelo raio divino e pela força da contemplação do sujeito mais belo, é de se crer que nisso chegarão mais cedo aqueles que têm asas que carregam a alma para o céu, o que vemos acontecer com pessoas de humor melancólico, que têm o espírito ponderado e dado à contemplação, chamada pelos hebreus e acadêmicos de morte preciosa porque ela puxa a alma do corpo terrestre para as coisas espirituais.

Meio de governar os povos do Meridião

Portanto, não devemos nos espantar se os povos do Meridião são mais bem policiados pela religião do que pela força ou pela razão, o que é um ponto bem considerável para atrair esses povos quando a força e a razão não podem fazê-lo.

Artimanha gentil de Colombo genovês

Assim, lemos nas histórias das Índias que o capitão Colombo, não podendo conquistar certos povos das Índias Ocidentais que ele tinha descoberto, mostrou-lhes a Lua, que eles adoravam, e informou-os que logo ela perderia sua claridade. Três dias depois, vendo a Lua eclipsar-se, eles fizeram tudo o que ele quis por causa do medo que tiveram. Dessarte, quanto mais avançamos para o Meridião mais encontramos homens devotos, mais firmes e constantes na sua religião, como na Espanha, e mais ainda na África, onde Francisco Álvares e Leão d'África dizem que a religião é tratada com mais reverência que na Europa. Entre outras marcas, Leão notou que numa única cidade de Fez há setecentos templos, e o maior tem mil e quinhentos passos de perímetro, trinta e uma portas, e dentro novecentas lâmpadas, e a renda anual do templo é de setenta e três mil ducados. Mas Álvares conta coisas bem mais estranhas da grandeza dos templos, dos jejuns incríveis e da devoção do povo da Etiópia, e também que a maioria da nobreza e do povo faz voto de religião admiravelmente estrito. O maior ponto que conservou por tanto tempo o estado da Etiópia florescente e belo e que mantém os súditos na obediência do Príncipe e dos governadores é a persuasão mui certeira que têm, como diz Álvares, que todo mal e todo bem não lhes advêm por seus amigos ou inimigos, mas somente pela vontade de Deus. Quanto aos processos, há menos ali do que em outro lugar do mundo, e é ainda mais estranho que eles não deitem por escrito nenhuma sentença, nem julgamento, nem testamento, nem contrato, exceto as contas da receita e da despesa[30]. Quem quisesse governar esses povos pelas leis e ordenanças usadas na Turquia, Grécia, Itália, França e outras regiões médias logo arruinaria o seu estado. Em caso semelhante, quem quisesse acostumar os povos do Setentrião aos litígios da França e da Itália

---

[30] Álvares na História da Etiópia.

encontraria muita dificuldade, como aconteceu com Matias rei da Hungria, que mandou buscar na Itália juízes para reformar a jurisdição da Hungria. Em pouco tempo o povo se viu tão envolto em chicanas canônicas que o rei foi obrigado, a pedido dos estados, a mandar os juízes italianos de volta ao seu país. Também Fernando rei da Espanha, ao enviar Pedrarias governador às Índias Ocidentais recém-descobertas, proibiu-lhe que levasse jurisconsulto ou advogado, a fim de não lançar semente de processo lá onde não existia.

A França propensa a litigar

E quem quisesse arrancar todos os processos da França e da Itália colocaria os povos em sedição perpétua. Quando os juízes encontram pouca ou nenhuma aparência de processo ou não podem resolvê-lo por causa da dificuldade e contrariedade de razões de ambas as partes, muitas vezes eles indicam árbitros ou então estendem os processos de propósito para dar oportunidade às partes de se acordarem amigavelmente e descarregar sua raiva sobre os juízes e advogados, senão elas recorreriam às armas. Nisso se pode julgar que os povos da região média são mais hábeis no governo das Repúblicas por terem mais prudência natural, que é própria das ações humanas e é como a pedra de toque que julga a diferença entre o bem e o mal, a justiça e a injúria, as coisas honestas e desonestas.

As três virtudes próprias dos três povos, setentrional, meridional e médio

Ora, a prudência é própria para comandar e a força para executar, que é própria do povo setentrional. Mas o povo meridional, menos hábil no governo das Repúblicas, detém-se na contemplação das ciências naturais e divinas para separar o verdadeiro do falso. E assim como a prudência do bem e do mal é maior nos povos médios e a ciência do verdadeiro e do falso nos povos do Meridião, assim também a arte que consiste nas obras manuais é maior nos povos do Setentrião do que nos outros. Desse modo, os espanhóis e italianos ficam maravilhados com as obras manuais tão numerosas e tão diversas trazidas da Alemanha, de Flandres e da Inglaterra. E tal como há no homem três partes principais da alma, a saber, a imaginativa ou senso comum, a razão e a parte intelectual, também na República os pontífices e filósofos dedicam-se a pesquisar as ciências divinas e ocultas, os magistrados e oficiais a comandar, julgar e cuidar do governo do estado, o povo miúdo ao labor e às artes mecânicas. Podemos dizer o mesmo da República universal deste mundo, que Deus ordenou tão perfeitamente com uma sabedoria maravilhosa que os povos do Meridião são destinados à pesquisa das ciências mais ocultas para ensinar os outros povos, os do Setentrião ao labor e às artes mecânicas, e os povos do meio a negociar, comerciar, julgar, discursar, comandar, estabelecer as Repúblicas, compor leis e ordenanças para os outros povos. Para isso o homem setentrional, por falta de prudência, não é tão apto, nem o meridional, seja por ser demasiado dado às contemplações divinas e naturais, seja porque lhe falta essa prontidão e esse ânimo que são necessários para as ações humanas, seja porque ele não pode ceder em suas opiniões, nem dissimular, nem suportar a fadiga que é necessária ao homem político, seja porque logo ele se cansa dos negócios públicos, seja porque muitas vezes ele é afastado deles por aqueles que são ambiciosos e cortesãos. Foi o que ocorreu com os sábios da Pérsia, que foram imediatamente alijados do estado que tinham em mãos após a morte de Cambises, e com os pitagóricos na Itália.

A proporção entre os planetas e os povos

Parece que isso é representado pela fábula de Júpiter, que expulsou Saturno de seu estado. Quer dizer, o homem cortesão e político destituiu o filósofo. Pois quem prestar atenção na natureza dos planetas verá, parece-me, que a sua divisão concorda com as três regiões que mencionei. Segundo sua ordem natural e atribuindo o planeta mais alto, que é Saturno, à região meridional, Júpiter à média e Marte à parte setentrional, sobram o Sol, fonte da luz comum igualmente a todos, depois dele Vênus, própria do povo meridional, depois Mercúrio, do povo médio, e o último, que é a Lua, do povo do Setentrião. Isso mostra a inclinação natural do povo do Setentrião para a guerra e a caça, próprias de Marte e Diana, e do povo meridional para a contemplação, além da inclinação venérea, e dos povos do meio para a qualidade de Júpiter e Mercúrio, próprias dos governos políticos. Isso tem uma maravilhosa coincidência com o corpo humano, que é a imagem do mundo universal e da República bem ordenada, pois apontando a destra do homem para o

Setentrião e caminhando do Oriente para o Ocidente segundo o movimento natural do universo e a sua verdadeira constituição, como mostrei no seu lugar[31], a parte destra, que é a mais robusta e masculina, pois tem o fígado e o fel, que os hebreus atribuem à Lua e a Marte, mostra evidentemente a propriedade do povo setentrional sanguíneo e belicoso; a sinistra, que é a parte feminina, assim chamada pelos filósofos, e a mais fraca, pois tem o baço e o humor melancólico, mostra bem a qualidade do povo meridional. Por isso há muito mais mulheres no país meridional e mais varões no país setentrional, pois de outro modo seria impossível que cada um tivesse várias mulheres no país meridional, o que menciono sumariamente por já ter discorrido mais amplamente alhures sobre esse ponto.

Eis o que se devia dizer sobre as qualidades gerais de todos os povos, pois sobre o particular encontram-se em todos os lugares e em todos os países homens de todas as espécies de humores, sujeitos mais ou menos ao que eu disse. Além disso, a situação particular de um lugar muda muito o natural de um país, pois embora não haja lugar estável onde se possa demarcar o Oriente do Ocidente, como se faz com o Meridião e o Setentrião, todos os antigos sustentaram que os povos orientais são mais dóceis, mais corteses, mais tratáveis e mais engenhosos que os do Ocidente, e menos belicosos. "Vejam, diz Juliano imperador[32], como os persas e sírios são dóceis e tratáveis, e o orgulho dos celtas e alemães, e como eles são ciosos da liberdade, os romanos corteses e belicosos, os egípcios engenhosos e sutis, e além disso efeminados." Os espanhóis perceberam que os povos da China, os mais orientais que existem, são de fato os homens mais engenhosos e mais corteses do mundo, e os do Brasil, os mais ocidentais, são os mais bárbaros e cruéis.

O povo oriental é mais humano e mais engenhoso que o povo ocidental

Em suma, se examinarmos de perto os historiadores, veremos que o povo do Ocidente tem muito do natural do Setentrião, e o povo oriental do natural do Meridião, na mesma latitude. Assim, a bondade natural do ar e do vento oriental faz com que os homens ali sejam mais belos e maiores. Se acontecer

---

31 No Método da História, cap. 5.
32 Na Epístola a Antíoco.

que a peste ou outras doenças populares se propaguem do Ocidente para o Oriente ou do Setentrião para o Meridião, elas não serão longas. Mas se elas começarem no Oriente ou no quarto meridional elas serão extremamente longas e contagiosas, como se percebeu antigamente, e ainda hoje essa conjectura é infalível no país do Languedoc, onde a peste é frequente. Forneci alhures vários exemplos[33] que omito para resumir. Todavia, a diferença dos costumes e do natural dos povos é muito mais notável entre o Setentrião e o Meridião do que entre o Oriente e o Poente.

Particularidades dos lugares notáveis

Mas a mudança particular mais notável é a diferença entre os lugares montanhosos e as planícies, e entre os vales voltados para o Setentrião ou para o Meridião no mesmo clima, na mesma latitude ou até no mesmo grau, que provoca uma diferença admirável entre uns e outros. É o que se vê a olho nu nas montanhas que se estendem do Ocidente para o Oriente, como os Apeninos que dividem quase toda a Itália em dois, o monte São Adriano na Espanha, os montes da Auvergne na França, os Pireneus entre a França e a Espanha, o monte Touro na Ásia, o monte Atlas na África, que percorre mais de seiscentas léguas desde o mar Atlântico até as fronteiras do Egito, o monte Imaus[34], que separa a Tartária da Ásia Meridional, os Alpes, que começam na França e continuam até a Trácia, e o monte Cárpato, que separa a Polônia da Hungria. Isso faz com que aqueles que estão na Toscana sejam de humor contrário aos da Lombardia e muito mais engenhosos, como também se vê que os de Aragão, de Valença e outros povos de além dos Pireneus têm natural totalmente diferente daquele dos da Gasconha ou do Languedoc, que se aparentam muito ao natural setentrional. E os povos aquém do monte Atlas são muito menos engenhosos que os númidas e outras nações de além do monte Atlas. Além disso, uns são quase brancos, os outros totalmente negros, uns sujeitos a várias doenças, os outros sãos, alegres e de vida muito longa. Portanto, não devemos nos espantar se o florentino, que está exposto ao Levante e ao Meridião, tendo as montanhas nas costas do lado do Setentrião e do Poente, tem o espírito muito mais sutil que o veneziano e mais prudente nos

---

33 No Método da História, cap. 5.
34 [N.T.]: A cordilheira do Himalaia.

seus negócios particulares. No entanto, os florentinos reunidos estragam tudo por causa da sutilidade do seu espírito, enquanto o conselho dos venezianos decide mui sabiamente, como se percebe há duzentos anos. Pois os homens que têm menos espírito submetem-se à razão, mudam de opinião, consultam os mais entendidos; mas muitos bons espíritos sutis e ambiciosos querem que sua opinião prevaleça e abandonam-na com dificuldade. E como estimam-se todos dignos de comandar, querem o estado popular, que não conseguem manter sem querelas e sedições civis por causa de uma obstinação natural, própria do povo meridional e melancólica para aqueles que, devido à situação particular do lugar, aparentam-se ao natural meridional.

Uma montanha faz diferença notável entre os povos que estão nos vales opostos

Assim como aqueles que vão de Bolonha a Gorda para Florença ou de Carcassonne para Valença sentem uma mudança admirável do frio para o calor no mesmo grau de latitude, por causa da diversidade do vale voltado um para o Meridião e o outro para o Setentrião, assim também encontrarão igual diversidade de espíritos. Eis porque Platão dava graças a Deus por ser grego e não bárbaro, ateniense e não tebano, embora entre Tebas e Atenas não haja nem 20 léguas. Mas a localização de Atenas é voltada para o Meridião, descendo em direção ao Pireu, com uma pequena montanha nas costas e o rio Asopo entre as duas cidades. Por isso uns eram inteiramente dados às letras e às ciências, os outros às armas. E embora tivessem o mesmo governo popular, não havia sedição em Tebas, e os atenienses tinham com muita frequência querelas e diferendos por causa do estado. Assim, vemos os senhores das ligas manter sabiamente o seu estado popular, o que os florentinos e habitantes de Gênova com a força de seu espírito não puderam fazer. Pois os povos do Setentrião ou os que vivem nas montanhas, orgulhosos e guerreiros, fiam-se na força de seus corpos e querem estados populares, ou pelo menos monarquias eletivas, e não podem tolerar facilmente que sejam comandados com rudeza. Assim, todos os reis que eles têm são eletivos e são expulsos caso se tornem tiranos, como mostrei dos reis da Suécia, Dinamarca, Noruega, Polônia, Boêmia e Tartária, que são todos eletivos.

Por que os povos do Setentrião têm reinos eletivos

O que eu disse do natural do país setentrional vale também para as montanhas, que são frequentemente mais frias que a região mais setentrional. As neves e gelos em vários lugares são perpétuas, e até sob o Equador as montanhas do Peru são tão altas e frias que os espanhóis morreram de frio em grande número e ficaram mortos por muito tempo sem se deteriorar, como lemos nas histórias das Índias Ocidentais. Leão d'África se espanta sem motivo ao ver que os habitantes do alto monte Megeza na África são brancos, altos e robustos, e os da planície pequenos, fracos e negros, pois geralmente os homens, os animais e as árvores das montanhas são de natureza muito mais forte que os outros. De fato, os anciões de cem anos no monte Atlas ainda são vigorosos, como diz Leão d'África. A força e o vigor fazem com que os montanheses amem a liberdade popular e não possam tolerar serem contrariados, como dissemos dos suíços e grisões. Em caso semelhante, os povos dos montes de Bugie, de Fez, do Marrocos e da Arábia vivem com toda liberdade sem senhores, não pela segurança dos lugares naturalmente fortificados, mas porque seu natural é selvagem e não pode ser domesticado facilmente. Isso deve servir de resposta à pergunta de Plutarco sobre por que os habitantes da cidade alta de Atenas pediam o estado popular e os da cidade baixa a senhoria de poucas pessoas, dada a razão que mencionei.

Portanto, equivocar-se-ia grandemente aquele que quisesse mudar o estado popular dos suíços e grisões e outros montanheses em monarquia, pois embora a monarquia seja muito melhor em si, nesses casos ela não é apropriada. Por esse motivo Políbio[35] diz que os antigos legisladores da Arcádia tinham estritamente obrigado e forçado os habitantes dos montes da Arcádia a aprender música sob grandes penas, para suavizar o natural selvagem desse povo. Tito Lívio também, ao falar dos etólios, habitantes das montanhas e os mais guerreiros e rebeldes que havia na Grécia, diz: *Ferociores Aetoli, quam pro ingeniis Graecorum*. Eles deram mais trabalho aos romanos, embora tivessem somente três cidades, que todos os outros gregos. Em caso semelhante os habitantes das montanhas de Gênova fizeram guerra e repeliram

---

[35] Liv. 4.

o poderio dos romanos durante mais de cem anos, e nunca foi possível para os romanos subjugá-los até que os transportassem das suas montanhas para a planície; depois eles foram bons e pacíficos súditos, como lemos em Tito Lívio. Logo, não devemos nos espantar se pelas ordenanças dos suíços cada um é obrigado a portar espada e ter sua casa guarnecida de armas ofensivas e defensivas, o que a maioria dos outros povos proíbe.

Habitantes dos vales são efeminados

Ao contrário, os habitantes dos vales são geralmente efeminados e delicados, além do que os vales, férteis por natureza, dão ensejo aos habitantes para embriagarem-se de todos os prazeres. Quanto aos habitantes dos lugares marítimos e das grandes cidades mercantis, todos os antigos notaram que eles são mais astutos, mais sagazes e mais habilidosos que os que estão afastados dos portos de mar e do comércio. Assim, César, ao falar dos habitantes de Tournay, disse: "Esses homens, por estarem recuados dos portos de mar, não são amolecidos nem efeminados pelas mercadorias e delícias dos estrangeiros. A esse respeito, Cícero dizia que os habitantes do rio de Gênova eram chamados de enganadores e impostores, e os das montanhas de Gênova agrestes e rústicos, porque estes não estavam acostumados a comerciar, mentir e enganar para vender mais caro. É por isso que Josefo historiador[36], ao falar dos habitantes de Jerusalém e de Esparta, disse que eles estavam recuados do mar e eram menos corrompidos que os outros. Eis porque Platão proibiu que sua República fosse construída perto do mar, dizendo que tais homens são pérfidos e enganadores. E parece que o provérbio que diz que os homens insulares são geralmente enganadores deve referir-se ao que está dito acima, já que eles são mais dados ao comércio e, por conseguinte, ao conhecimento da diversidade dos homens e dos humores, no qual reside a malícia de negociar, disfarçar suas palavras e seu rosto, enganar, mentir e tirar vantagem dos menos astutos para ganhar, que é o objetivo de muitos mercadores. A esse respeito os hebreus fazem servir a passagem da lei de Deus[37] que diz: *Non eris mercator in populo tuo*, que muitos traduziram

---

[36] *Contra Ápio*.
[37] Levítico 19, versículo 13.

como *impostor, calumniator*; mas em hebreu há לכיר, que significa mercador[38], do verbo לכר, que significa comerciar e mercadejar.

Variedade notável devido à violência dos ventos

Existe ainda uma variedade notável devido à diferença dos lugares sujeitos aos ventos impetuosos, que torna os povos diferentes em costumes ainda que estejam na mesma latitude e clima que os outros. Pois vê-se com evidência que os homens são mais ponderados e determinados onde o ar é suave e tranquilo do que nas regiões varridas por ventos violentos, como a Gália, e principalmente o país do Languedoc, a Alta Alemanha, a Hungria, Trácia, Circássia, Ligúria, Portugal, Pérsia, onde os homens têm o espírito mais perturbado e turbulento que os da Itália, Anatólia, Assíria, Egito, onde a tranquilidade do ar torna os homens muito mais temperados. Também nos lugares pantanosos vemos uma outra diferença nos homens de humor contrário ao dos montanheses. E até a esterilidade ou fertilidade dos lugares muda a natural inclinação do céu. Eis porque Tito Lívio[39] dizia que os homens do país gordo e fértil são ordinariamente poltrões e covardes. Ao contrário, a esterilidade do país torna os homens sóbrios por necessidade, e por conseguinte cuidadosos, vigilantes e operosos, como eram os atenienses, em cuja cidade a ociosidade era punida capitalmente, já que o país era muito estéril, de modo que se devia povoar as cidades nele construídas; por isso foi Atenas cidade das maiores e mais bem povoadas que já houve. Pois os inimigos não querem um país infértil e os habitantes que vivem em segurança se multiplicam e são

---

[38] Cântico 3, vers. 6; Ezequiel 27, vers. 3, e 28, vers. 16.
[N.T.]: רכיל pronuncia-se *rachil* e quer dizer "caluniador", do verbo רכל.
No Cântico dos Cânticos 3, versículo 6, aparece a palavra רוכל (pronuncia-se *rochel*): "Quem é *esta* que sobe do deserto como colunas de fumaça, **perfumada** de mirra, de incenso e de toda sorte de pós de especiarias?", como se a mirra e o incenso alterassem as características de "esta" – uma força maior que está sendo procurada – agindo dessa maneira como "impostores"?
Em Ezequiel 27, versículo 3, aparece a palavra רוכלת (pronuncia-se *rochelet*): "A cidade estabelecida na entrada do mar, que **negocia** com os povos de muitas ilhas, e diz-lhe: 'Assim disse o Eterno Deus: - Tu, ó Tiro, proclamas: sou a perfeição da beleza'".
Em Ezequiel 28, versículo 6, aparece a palavra רכולתך (pronuncia-se *recholatchá*): "A multiplicidade de **teu comércio** trouxe violência a teu meio e vieste a pecar. Porque te profanaste, te fiz cair do Monte do Eterno e te destruí, ó querubim de asas protetoras, em meio às pedras de fogo!".

[39] Liv. 45. Heródoto, em Euterpe, crê que sejam mais inteligentes.

obrigados a comerciar ou trabalhar. Por isso vê-se que Nuremberg, que está na localização mais estéril que se poderia encontrar, é a maior cidade de todo o Império, cheia dos mais refinados artesãos do mundo, como também o são as cidades de Limoges, Gênova e Gand.

Os povos do país estéril são engenhosos

Ora, assim como os povos marítimos, devido ao comércio, e os do país estéril, devido à sobriedade, são industriosos, assim também aqueles que estão na fronteira entre dois estados e povos inimigos são mais belicosos e mais ferozes que os outros porque estão em guerra perpétua, que torna os homens bárbaros, amotinados e cruéis, tal como a paz torna os homens dóceis, corteses e tratáveis. Por essa causa os ingleses, que antes eram reputados tão amotinados e indômitos que não apenas seus Príncipes não podiam controlá-los, mas ainda era necessário hospedar os mercadores ingleses separadamente, como a cidade de Antuérpia foi obrigada a fazer, tendo uma casa comum para os mercadores de todas as nações e uma separada para os ingleses porque eram incompatíveis, agora, desde que trataram paz e aliança com a França e a Escócia e que são governados por uma Princesa dócil e pacífica, ficaram muito domesticados.

Povos dados às guerras são ferozes e selvagens

Ao contrário, os franceses, que não cediam a nação nenhuma em cortesia e humanidade, alteraram-se muito no seu natural e tornaram-se ferozes depois das guerras civis, assim como aconteceu, diz Plutarco[40], com os habitantes da Sicília, que por causa de guerras contínuas tornaram-se como bestas selvagens.

O hábito vence a natureza

Mas quem quiser ver como o hábito, as leis e os costumes têm o poder de mudar a natureza precisa apenas olhar os povos da Alemanha, que no tempo de Tácito não tinham nem leis, nem religião, nem ciência, nem forma de República, e agora não cedem aos outros povos nisso tudo. E os habitantes

---
40 Na Vida de Timoleonte.

de Bugie, que antigamente eram reputados os mais belicosos de toda a África, por longa paz e exercício da música, que têm em singular estima, tornaram-se tão covardes e tão poltrões que, tendo lá chegado Pedro de Navarra com quatorze naus, todos os habitantes e o rei fugiram e abandonaram a cidade sem dar um só golpe, e os espanhóis ali construíram belas fortalezas sem nenhum impedimento. Pode-se dizer o mesmo dos romanos, que perderam totalmente o esplendor e a virtude de seus pais por causa de uma ociosidade covarde e medrosa. Licurgo fez a prova do que eu disse, tendo alimentado dois cães da mesma raça, um na caça e o outro na cozinha, e depois testou-os diante de todo o povo da Lacedemônia. É verdade que, se as leis e costumes não são bem conservados, o povo logo retornará ao seu natural, e se ele for transportado de um país para outro ele não se transformará tão rapidamente quanto as plantas que tiram o sumo da terra, mas por fim se transformará. É o que se viu com os godos, que invadiram a Espanha e o alto país do Languedoc, e com os antigos gauleses, que povoaram com suas colônias o país da Alemanha em torno da Floresta Negra e de Frankfurt. César diz[41] que, na sua época, que era cerca de quinhentos anos depois da passagem deles, eles haviam mudado seus modos e seu natural conforme o país da Alemanha.

Mas é preciso extirpar um erro no qual muitos caíram ao taxar os franceses de ligeireza, seguindo nisso César, Tácito, Trebélio, Pollio. Se eles chamam de ligeireza uma certa disposição e prontidão em todas as coisas, a injúria me agrada e nos é comum a todos os povos das regiões médias, pois o próprio Tito Lívio chama desta maneira os asiáticos, gregos e sírios: *levissima hominum genera*, e o embaixador dos ródios admitiu-o em pleno senado. César, por sua vez, interpreta o que ele quis dizer, reconhecendo que os gauleses têm o espírito muito gentil, vivo e dócil. E Scaliger veronês escreve[42] que não há nação que tenha o espírito mais vivo para fazer tudo que se quiser como os franceses, seja nas armas, seja nas letras, seja na mercadoria, seja no bem dizer; mas sobretudo eles têm, diz ele, o coração generoso e cândido, e preservam a fé mais constantemente que qualquer outro povo. Eis o julgamento de um homem estimado o primeiro na sua qualidade, que mostra nos franceses o humor colérico ao qual Galeno atribui a prudência própria às ações. E se ele for

---

41 *Commentarius* liv. 6.
42 No livro Contra Cardanum.

destemperado, transforma-se em temeridade, que chamamos propriamente de ligeireza. Mas a inconstância e perfídia é muito maior nos povos do Setentrião.

Dissemos, falando em geral, que o povo meridional é contrário ao setentrional: este é grande e robusto, o outro pequeno e fraco, um quente e úmido, o outro frio e seco, um tem a voz grossa e os olhos verdes, o outro tem a voz fina e os olhos negros, um tem o pelo loiro e a pele branca, o outro tem o pelo e pele negros, um teme o frio, o outro teme o calor, um é alegre, o outro é triste, um é tímido e pacífico, o outro ousado e amotinado, um é sociável, o outro solitário, um é beberrão, o outro sóbrio, um rústico e desajeitado, o outro prudente e cerimonioso, um é pródigo e ganancioso, o outro avaro e comedido, um é soldado, o outro filósofo, um é propenso às armas e ao labor, o outro às ciências e ao repouso. Portanto, se o meridional é obstinado, como diz Plutarco ao falar dos africanos, e mantém suas resoluções por toda a vida, é certo que o outro é mutável e não tem constância. Aqueles da região média têm a virtude média entre a obstinação e a ligeireza: não são mutáveis nas suas opiniões sem propósito, como o povo setentrional, nem tão firmes em suas opiniões a ponto de não mudá-las mesmo que isso derrube o estado. Não invocarei Tácito[43], que diz que os alemães se desdizem ordinariamente sem desonra, pois ele ainda não havia conhecido os ingleses, dinamarqueses e normandos oriundos desses países que estão ainda mais para o lado do Setentrião. Quanto aos moscovitas, o barão de Herbestein diz na história deles que nunca conheceu nação mais desleal, que quer, diz ele, que mantenham a palavra para com ela, mas nunca faz o contrário. Ora, a perfídia vem ou da desconfiança ou do medo, e uma e o outro da falta de espírito, pois o homem prudente e seguro, como o povo do meio, não é desconfiado, já que poderia enfrentar tudo que pudesse acontecer, e com boa coragem executa o que decidiu. Não é o que faz o povo meridional, que é temeroso, nem o setentrional, que tem pouco espírito. E para mostrar como os homens do Setentrião são receosos e desconfiados, podemos considerar o fato de que no reino da Dinamarca e da Suécia escondem-se homens nas hospedarias para ouvir tudo o que se diz.

Quando falo dos povos da região média, é preciso entender sempre mais ou menos e atribuir as propriedades dos extremos ao meio pela média, levando em consideração as particularidades dos ventos, das águas, da terra,

---

[43] Em Moribus Germanorum.

das leis e costumes, e não se deter apenas nos climas, pois vê-se em climas totalmente iguais e na mesma elevação quatro diferenças notáveis de um povo para outro em cor, sem falar das outras qualidades. Assim, os indianos ocidentais são geralmente da cor de marmelo cozido, exceto um punhado de homens negros que a tempestade trouxe da costa da África. E em Sevilha, na Espanha, os homens são brancos; no Cabo de Boa Esperança, negros; no Rio da Prata, castanhos; todos na mesma latitude e no mesmo clima, como lemos nas histórias das Índias que os espanhóis deixaram por escrito. A causa pode ser que se mudaram de um país para outro e que o Sol em Capricórnio está no local mais próximo da Terra em todo o excêntrico de sua órbita, que é de mais de quatrocentas mil léguas. Tampouco devemos nos deter apenas na mudança das colônias, que acarreta alguma diferença notável, como eu disse; mas a natureza do céu, dos ventos, das águas, da terra prevalece a longo prazo. A colônia dos saxões que Carlos Magno levou para Flandres era totalmente diferente dos outros povos franceses, mas pouco a pouco eles se suavizaram tanto que não têm mais nada de saxão fora a língua, que também suavizaram muito, fazendo deslizar mais levemente as aspirações e entrelaçando as vogais às consoantes. Se o saxão chama um cavalo de *Pferd*, o flamengo dirá *Perd*, e assim em muitos casos. Pois o povo do Setentrião ou montanhês, tendo o calor interior maior, sempre lança a voz e a palavra com mais veemência e mais aspiração que os povos do Oriente e do Meridião, que entrelaçam suavemente as vogais e rejeitam as aspirações tanto quanto possível. Pela mesma razão, a mulher, que tem compleição muito mais fria que o homem, fala mais suavemente. Isso se verificou num mesmo povo hebreu e na mesma linhagem, pois os da linhagem de Efraim, que viviam na montanha para os lados de Setentrião chamados de Galaad, eram não somente mais robustos que os outros da mesma família e linhagem, vizinhos, mas também pronunciavam as consoantes aspiradas que os outros não conseguiam pronunciar. Desse modo, quando foram vencidos e fugiram pela estrada, para distinguir uns dos outros eles eram espreitados na passagem do Jordão e pediam a eles[44] como se chamava o curso ou leito do Jordão (que se chama *Schibolet*). Eles diziam *Sibolet*, que significa propriamente uma espiga, embora ambos signifiquem espiga em vários lugares e também o curso das águas[45]. Por esse meio foram

---

[44] Juízes 12.
[45] Salmos 69, 15; Jó 24 vers. 24; Gênese 43 vers. 5.

mortos quarenta e dois mil deles. É certo que o povo hebreu considerava então mais do que nunca a pureza do seu sangue inviolável, e além do mais tratava-se de uma mesma linhagem.

O que eu disse sobre a natureza dos lugares, que muda muito a prolação natural dos homens, pode ser visto em toda parte, como na Gasconha, no país que se chama Labdac porque o povo coloca um L no lugar das outras consoantes. Também vemos o polonês, que é mais oriental que o alemão, pronunciar muito mais suavemente, e o genovês, mais meridional que o veneziano, diz *Crabe* em vez de *Cabre*, que foi a marca pela qual os venezianos reconheceram os fugitivos depois da vitória que tiveram sobre os genoveses, mandando-os pronunciar *Cabre* e matando todos aqueles que não conseguiam. Fizeram o mesmo os de Montpellier por ocasião da sedição que ocorreu no tempo do rei Carlos V. Para reconhecer e matar os franceses do Languedoc, mostravam-lhes favas e perguntavam-lhes o que eram: eles diziam favas, que os habitantes do país chamavam de *havas*, à maneira dos sabinos, que pronunciavam *Fircus Faedus* em vez de *Hircus Haedus*, como diz Marco Varrão.

Eis quando às inclinações naturais dos povos, as quais, todavia, não acarretam necessidade, como deduzi, mas que são de muito grande importância para o estabelecimento das Repúblicas, das leis, dos costumes, e para saber de que modo se deve tratar ou capitular com uns e outros. Falemos agora dos outros meios para remediar as mudanças das Repúblicas que se fazem por bens.

Capítulo II

Os meios de remediar as mudanças das Repúblicas que ocorrem pela riqueza excessiva de uns e pobreza extrema dos outros

A principal oportunidade das mudanças que ocorrem com as Repúblicas

De todas as causas das sedições e mudanças de Repúblicas não há nenhuma maior que a riqueza excessiva de poucos súditos e a pobreza extrema da maioria. As histórias estão repletas delas. Nisso se pode ver que aqueles que alegaram várias causas do descontentamento que tinham com o estado sempre agarraram a primeira oportunidade que se apresentou para despojar os ricos dos seus bens. Todavia, essas mudanças e sedições eram mais frequentes antigamente do que hoje, por causa do número infinito de escravos, que eram trinta ou quarenta para um que era livre. E a maior recompensa do seu serviço era serem libertados, ainda que frequentemente não levassem outra coisa além da liberdade, que muitos compravam com o que haviam podido poupar durante toda sua vida, ou tomar emprestado e comprometer-se a devolver, além das corveias que deviam àqueles que os tinham libertado. Não obstante, tinham um número infinito de filhos, que nascem geralmente daqueles que mais trabalham e são mais continentes. Desse modo, vendo-se em liberdade e sitiados pela pobreza, para viver tinham que tomar emprestado e pagar aos credores algum juro em dinheiro, ou frutos, ou corveias. E quanto mais avançavam mais ficavam carregados e menos pagavam, pois a usura, que os hebreus chamam de mordida (נשך)[46], não somente rói o devedor até o osso, mas também suga todo o sangue e o tutano dos ossos. Isso fazia enfim com que os pobres, multiplicados e esfomeados, se erguessem contra os ricos e os expulsassem das casas e das cidades, ou vivessem às custas deles segundo sua vontade.

As duas pestes de todas as Repúblicas

É por isso que Platão chamava a riqueza e a pobreza de antigas pestes das Repúblicas, não apenas pela necessidade que oprime os esfomeados, mas também pela vergonha; de fato, a vergonha é uma peste muito ruim e perigosa. Para obviar isso, procurava-se uma igualdade que muitos louvaram altamente, chamando-a de mãe fomentadora da paz e amizade entre os súditos, e a desigualdade, ao contrário, de fonte de todas as inimizades, facções, ódios, parcialidades. Pois aquele que tem mais do que outro e se vê mais rico em bens quer também ser mais alto em honra, em delícias, em prazeres, em víveres, em roupas. Quer ser reverenciado pelos pobres que despreza e espezinha. E os pobres, por sua vez, concebem uma inveja e vontade extrema de se ver tanto ou mais dignos que os ricos, embora sejam esmagados pela pobreza, pela fome, pela miséria, pela contumélia.

Eis porque vários legisladores antigos dividiam os bens igualmente a cada um dos súditos, como de nossa memória Thomas More chanceler da Inglaterra diz na sua *República* que o único caminho para a salvação pública é que os homens vivam em comunidade de bens, o que não pode ser feito onde há propriedade. E Platão, tendo poder para estabelecer a República e nova colônia dos tebanos e foceenses com o consentimento dos súditos que lhe outorgaram embaixadores para esse fim, foi embora sem fazer nada porque

---

46 [N.T.]: נשך pronuncia-se *néshech*.

os ricos não queriam compartilhar seus bens com os pobres. Licurgo fez isso pondo sua vida em perigo, pois após ter banido o uso do ouro e da prata ele dividiu igualmente todas as heranças. Embora Sólon não tenha podido fazer o mesmo, vontade não lhe faltou, visto que ele concedeu a rescisão das obrigações e uma abolição geral das dívidas[47]. E depois que o ouro e a prata foram aceitos na Lacedemônia, após a vitória de Lisandro, e que a lei testamentária foi introduzida, fatos que provocaram em parte a desigualdade dos bens, o rei Agis, querendo reverter tudo à antiga igualdade, mandou trazer todas as obrigações, que ele jogou no fogo, dizendo que nunca havia visto fogo tão belo; depois começou por seus bens para reparti-los com os outros igualmente. Também Nabis o tirano, após ter tomado a cidade de Argos, publicou dois éditos, um para quitar todas as dívidas e o outro para dividir as heranças para cada um *duas faces*, diz Tito Lívio, *novantibus res ad plebem in optimates accendendam*. E embora os romanos tenham sido mais equitativos e mais bem entendidos nos assuntos de justiça que os outros povos, eles concederam frequentemente a rescisão geral das dívidas, tanto de um quarto, tanto de um terço, e às vezes integral, e não tinham meio mais conveniente para apaziguar de vez os distúrbios e sedições[48]. Desse modo, tendo os senhores dos turiates adquirido todas as heranças[49], o povo miúdo, ao ver-se endividado e privado de todo bem, tomou dos ricos os seus bens e as suas casas.

Porém, por outro lado pode-se dizer que a igualdade de bens é muito perniciosa para as Repúblicas, que não têm apoio nem fundamento mais seguro que a fé, sem a qual nem justiça nem sociedade nenhuma podem durar. Mas a fé reside nas promessas das convenções legítimas. Logo, se as obrigações são rompidas, os contratos anulados, as dívidas abolidas, deve-se esperar outra coisa além da completa eversão do estado? Pois não haverá qualquer confiança mútua. Ademais, tais abolições gerais prejudicam amiúde os pobres e arruínam muitos deles, pois as pobres viúvas, os órfãos e o povo miúdo que não têm outro bem a não ser um pouco de rendas ficam perdidos quando sobrevém a abolição das dívidas. Ao contrário, os usurários se previnem e algumas vezes saem ganhando, como aconteceu quando Sólon e Agis mandaram publicar a abolição das dívidas, pois os usurários, tendo visto a fumaça antes, tomaram

---

[47] Plutarco, Sólon.
[48] Lívio liv. 7 e 8; César, Belli civilis liv. 2; Suetônio, César; Apiano liv. 1.
[49] Aristóteles liv. 3 cap. 7.

dinheiro emprestado de todos os lados para fraudar os credores[50]. Acrescente-se que a esperança que se tem dessas abolições dá ensejo aos pródigos de tomar emprestado a qualquer preço para depois se juntar aos pobres desesperados e descontentes a fim de provocar uma sedição. Ao contrário, se não houvesse a espera de tais abolições cada um pensaria em gerir sabiamente e viver em paz.

Os inconvenientes das abolições das dívidas

Ora, se os inconvenientes de tais abolições são grandes, são ainda maiores os da divisão igual das terras e posses que são de sucessão leal ou injustamente adquiridas, pois nas dívidas pretende-se a usura e a esterilidade do dinheiro, o que não pode ocorrer nas sucessões legítimas, de modo que se pode dizer que tal divisão do bem de outrem é um roubo sob o véu da igualdade. E postular como fato que a igualdade é mãe fomentadora da amizade é enganar os ignorantes, pois é certo que nunca há ódio maior nem inimizades mais capitais que entre aqueles que são iguais, e a inveja entre iguais é a fonte dos distúrbios, sedições e guerras civis. Ao contrário, o pobre, o pequeno, o fraco verga e obedece de bom grado ao grande, ao rico, ao poderoso, devido à ajuda e proveito que dele espera. Esse foi um dos ensejos que pode ter levado Hipódamo, legislador milésio, a fazer com que os pobres desposassem os ricos, não somente para fugir à desigualdade, mas para que a amizade entre eles fosse mais sólida. E diga-se o que se disser de Sólon, fica evidente na instituição da sua República que ele criou quadro graus de cidadãos segundo a renda que eles tinham, e tantos graus de estados e honras[51]. Assim, os mais ricos tinham então quinhentos *minots* de grão ou de licor, os medianos trezentos, os outros duzentos; aqueles que tinham menos não podiam ter ofício honrável. Platão também criou três estados na sua segunda República, uns mais ricos do que outros, ordenando que cada um dos cinco mil e quarenta cidadãos apontasse um dos seus filhos herdeiro da totalidade. Quanto ao que fez Licurgo, que queria manter a igualdade das heranças para sempre dividindo os bens por cabeça, era coisa impossível visto que ele poderia ver diante dos seus olhos, e logo depois de alterar completamente a igualdade, que uns tinham doze ou quinze filhos e outros um ou dois, ou nenhum, coisa que seria ainda mais

---

[50] Plutarco, Sólon e Agis.
[51] Plutarco, Sólon.

ridícula nos países em que a pluralidade das mulheres é permitida, como na Ásia e em quase toda a África, e nas terras novas, onde acontece com frequência que um homem tenha cinquenta filhos. De fato, Justino escreve que Herotino rei da Pártia tinha seiscentos filhos.

Há aqueles que tentaram evitar esse inconveniente, como Hipódamo legislador milésio, que não quis que houvesse mais de dez mil cidadãos, o que Aristóteles achou muito bom. Mas é preciso pelo mesmo meio banir o restante ou executar a lei cruel de Platão, aprovada por Aristóteles[52], segundo a qual, tendo o número de cidadãos sido limitado a cinco mil e quarenta, se ordena que seja abortado o excedente assim que fosse concebido. E Thomas More chanceler da Inglaterra quis que não houvesse menos de dez nem mais de dezesseis filhos numa família, como se pudesse comandar a natureza. Já Fídon, legislador coríntio, procedeu mais sabiamente, fazendo proibições expressas de construir em Corinto, assim como se fez proibições de construir nos arredores de Paris pelo édito do rei do ano de 1548, de forma que, ao se multiplicarem os súditos, é preciso que eles fundem uma colônia ou que sejam banidos. Ora, nunca se deve temer que haja súditos ou cidadãos em excesso, visto que força e riqueza são feitas só de homens. Além disso, a multidão dos cidadãos (quanto mais forem) sempre impede as sedições e facções, já que há muitos que são médios entre os pobres e os ricos, os bons e os maus, os sábios e os tolos. E não há nada mais perigoso que os súditos fiquem divididos em dois partidos sem meio, o que acontece nas Repúblicas onde ordinariamente há poucos cidadãos.

As grandes cidades estão menos sujeitas às mudanças que as outras

Por conseguinte, deixando de lado a opinião daqueles que procuram a igualdade nas Repúblicas já formadas, tomando o bem de outrem em vez de cada um conservar aquilo que lhe pertence para estabelecer a justiça natural, e rejeitando também aqueles que quiseram limitar o número de cidadãos, sustentamos que a divisão das partilhas não deve ser feita, a não ser quando se forma uma nova República nos países conquistados. Tal divisão deve ser por linhagens e não por cabeça, reservando no entanto alguma prerrogativa a

---
[52] *Política* liv. 7.

uma das linhagens e algum direito de primogenitura em cada casa, segundo a lei de Deus, que nos mostrou com o dedo e o olho como se deve proceder.

A forma de dividir os países conquistados

Pois, ao escolher a linhagem de Levi para dar-lhe o direito de primogenitura sobre os outros doze, não lhe deu heranças exceto casas nas cidades, mas atribuiu-lhe o dízimo de cada linhagem, que eram doze décimos sem mover a mão, que equivalem pelo menos a duas vezes o que cada linhagem tinha, deduzidas todas as coisas.

Divisão das terras contidas na lei de Deus

E entre os levitas o direito de primogenitura foi reservado à casa de Aarão, que tinha o dízimo dos levitas e todas as oblações e primícias. E a cada casa particularmente foi atribuído para o direito de primogenitura duas vezes o que cada um dos outros herdeiros tinha em móveis e imóveis, alijando as filhas de todo direito sucessório, a não ser na falta de filhos do mesmo grau[53]. Nisso se pode julgar que a lei de Deus rejeitou a igualdade precisa, dando mais a uns que a outros, e não obstante manteve entre as doze linhagens, fora a de Levi, a partilha igual das heranças, e entre os filhos mais novos a partilha igual da sucessão, excetuado o direito de primogenitura, que não era dos dois terços, nem dos quatro quintos, nem do todo, para que tal desigualdade não fosse causa da riqueza excessiva de poucos súditos e da pobreza extrema de um número infinito. É daí que vêm os assassinatos entre irmãos, os distúrbios entre as linhagens, as sedições e guerras civis entre os súditos. E para que as partilhas assim feitas permanecessem em equilíbrio, a meio caminho entre muito e pouco, não se deve proibir a alienação, como se faz em alguns lugares, seja entre vivos ou por testamento, caso se observe a lei de Deus, que ordena que todas as heranças alienadas retornarão no quinquagésimo ano às casas, famílias e linhagens de onde tiverem sido retiradas, além do direito do resgate por linhagem, introduzido pela lei de Deus. Ao proceder assim, os pobres aflitos e obrigados a vender para prover suas necessidades terão meio de vender os frutos e proventos de suas heranças até o quinquagésimo ano,

---

[53] Números 27.

que depois retornarão a eles ou a seus herdeiros. E os maus administradores serão obrigados a levar vida parcimoniosa, e a avareza dos conquistadores será suprimida.

Abolição de dívida é perniciosa

Quanto à abolição das dívidas, era coisa de mau exemplo, como foi dito, nem tanto pela perda dos credores, que não seria muito considerável quando se trata da coisa pública, mas pela abertura que se dá para que se quebre a fé das justas convenções, e pela oportunidade que os amotinados agarram para perturbar o estado na esperança de que sempre obterão a rescisão das dívidas, a não ser que se diminua os juros e rendas que correram longamente, reduzindo-os a 25 tostões, como foi feito nos velhos montepios de Veneza. Também vemos que a lei de Deus não quita as dívidas dos credores, mas dá sete anos de carência e suspende a perseguição aos devedores.

É preciso suprimir as usuras

Mas o verdadeiro meio para conter o curso dos usurários, dar alívio perpétuo aos pobres e preservar as obrigações legítimas é seguir a lei de Deus, que proibiu toda espécie de usura[54], seja ela qual for, entre os súditos. Pois a lei seria injusta no tocante aos estrangeiros se lhes fosse permitido emprestar com usura aos súditos, dos quais eles tirariam a subsistência e todo ouro e prata se os súditos não tivessem a mesma prerrogativa com relação aos estrangeiros. Essa lei sempre foi muito estimada por todos os legisladores e pelos maiores políticos, a saber: Sólon[55], Licurgo[56], Platão[57] e Aristóteles[58]. Até os dez comissários deputados para corrigir os costumes de Roma e selecionar as leis mais úteis não quiseram que a usura fosse mais alta que um tostão por cento ao ano[59], que eles chamavam de unciário porque a usura

---

[54] Deuteronômio 23, Números 25, Salmos 15.
[55] Plutarco, Sólon.
[56] Plutarco, Licurgo.
[57] Nas Leis.
[58] Na Política.
[59] Tácito liv. 5; Festo liv. 19.

de cada mês equivalia a apenas uma onça, que era a décima segunda parte do centésimo escudo ou tostão que se havia emprestado. E o usurário que tirasse lucro maior era condenado a devolver o quádruplo, pois estimava-se, diz Catão[60], o usurário mais malvado e mais vil que o ladrão, que por isso era condenado somente ao dobro. Essa mesma lei foi depois republicada a pedido do tribuno Duílio no ano da fundação de Roma 396, e dez anos depois[61] sob o consulado de Torquato e Plautius ela foi reduzida a meia onça por mês e meio tostão porcento por ano, de modo que só poderia igualar o principal em 200 anos. Todavia, no ano seguinte a usura foi inteiramente proibida pela Lei Genúcia[62] por causa das sedições corriqueiras que provinham do desrespeito às leis usurárias.

De fato, por mais que se modere as usuras, por menos que sejam permitidas logo chegarão ao ponto mais alto. E aqueles que sustentam a pretexto de religião que as usuras moderadas e rendas constituídas a quatro ou cinco porcento são justas, visto que o devedor tira mais proveito delas que o credor, infringem a lei de Deus, que o proíbe tão expressamente que não pode ser posta em dúvida, pois se alguém fizer uso moderado dela cem mil a infringirão. E assim como a cunha só faz no começo uma pequena fenda, e depois a abertura maior desfaz tudo em pedaços, assim também a permissão das coisas ilícitas, por menor que seja, degenera pouco a pouco em licenciosidade transbordante. Assim fizeram aqueles que proibiram a usura entre cristãos mas permitiram-na para a Igreja e para os hospitais, e alguns também julgaram-na boa para a República e para o fisco. Ora, não há nada que dê mais ensejo aos súditos para infringir a lei que proibir uma coisa e desrespeitar sua proibição. Todavia, é o erro mais ordinário que cometem os Príncipes e prelados, querendo liberar-se e isentar-se das coisas que proíbem aos súditos. E quem julgaria ruim em particular aquilo que é julgado bom em público?

A lei é inútil sem pena

Assim como a proibição em matéria de leis é inútil sem pena, e a pena ilusória se não for executada, assim também a Lei Genúcia, por ser mal

---

[60] Catão, De re rustica liv. 1 cap. 1.
[61] Lívio liv. 7.
[62] Lívio liv. 7.

executada, foi pouco a pouco aniquilada. É por isso que na Inglaterra foi decidido que, assim que um édito for feito, pelo mesmo édito será nomeado expressamente um magistrado ou comissário para fazer respeitar a lei; este permanecerá no cargo até que a lei seja cassada. Ora, o costume depravado, que é sempre mais forte que as boas leis, propagou-se tanto que se emprestava por usura a vinte e quatro porcento, até a Lei Gabínia, que regulou a mais alta usura (exceto no caso da marinha, em que o credor toma o perigo para si) em doze porcento, embora ela fosse mal executada nas províncias, onde se emprestava a quarenta e oito porcento ao ano[63]. Pois a necessidade extrema daquele que toma emprestado e a avareza insaciável daquele que empresta sempre cometeram e cometerão mil fraudes às leis. A pena dos usurários era severa na República de Cândia, mas aquele que queria tomar emprestado fingia arrancar o dinheiro ao credor, de modo que se o devedor não pagasse a usura, que não se podia exigir em justiça, era acusado como ladrão[64]. Era uma simulação demasiado grosseira perto do que se faz nas aquisições com perda de finança e da cláusula dos notários, que comporta estas palavras: "O resto em dinheiro". É verdade que no primeiro concílio de Niceia os bispos tanto rogaram ao imperador Constantino que ele proibiu as usuras em dinheiro e em frutos[65], que eram, quanto aos frutos, do todo mais meio, quer dizer, cinquenta porcento. Mas a proibição não foi observada, mesmo para os frutos, em que aquele que toma emprestado em tempo de carestia tem facilidade para devolvê-lo mais metade depois da colheita. Parece que isso faz muito sentido, visto que aquele que emprestou podia ganhar tanto ou mais se vendesse em tempo de carestia, como geralmente se faz.

Acrescente-se que não há nada mais caro que a comida, nem dívida mais necessária do que essa. Eis porque o imperador Justiniano, tendo regulado as usuras para os camponeses em quatro por cento em dinheiro, ordenou que a usura em frutos somente para eles seria de apenas doze porcento e não de cinquenta por cento. O sr. Charles du Moulin quis corrigir sem motivo o texto grego e latino da lei contra a verdade de todos os exemplares, baseando-se na ordenança de Luís XII e nas sentenças da Corte, que igualaram os juros em frutos e em dinheiro. Mas a diferença é muito grande entre uns e outros, pois

---

[63] Cícero na Epístola a Ático.
[64] Plutarco, Apophtegmata.
[65] Rufino liv. 5.

por ordenança de Justiniano o pobre camponês recebia proveito muito grande por estar quites com treze *mines* de trigo após a colheita para doze que tomava emprestado em tempo de carestia. No entanto, pela correção que oferece Du Moulin ele ficaria quites com um terço de *mine*, o que é coisa absurda, visto que antes da ordenança de Justiniano era permitido ordinariamente emprestar a cinquenta porcento em frutos[66].

Vale muito mais a pena deter-se na lei de Deus, que proíbe totalmente a usura. E o benefício do credor será muito mais meritório e honrável ao emprestar sem lucro do que ao receber dos pobres camponeses, na qualidade de usura, um punhado de trigo para um benefício tão grande e tão necessário. Eis porque Jeremias, após o retorno do povo, proibiu que se recebesse a usura entre eles[67] como faziam anteriormente, tomando doze porcento em dinheiro e em frutos. Seguindo esse exemplo, o decreto de Niceia foi inserido nos decretos. Mas depois que os papas Calixto III e Martinho V puseram em voga as rendas constituídas, que eram pouco usadas anteriormente, os juros subiram tão alto que as usuras limitadas por Justiniano e em parte praticadas nas Repúblicas das ligas são muito mais suaves e suportáveis, embora as ordenanças da França e de Veneza não tolerem que se possa pedir mais de cinco anos de prestações vencidas. Pois essa tolerância de juros sem juros tomou força de lei, e disso decorreu que os usurários sugam o sangue dos pobres com toda liberdade, até nas cidades marítimas, onde há bolsa comum e banco, como em Gênova há alguns que valem quatrocentos ou quinhentos mil ducados e outros mais de um milhão em ouro, como Adam Centenier.

As rendas constituídas são piores que as moderadas

Também se diz que Thomas Marin tem duas vezes mais, de modo que o mercador, devido à brandura do lucro, torna-se caseiro, o artesão despreza sua loja, o lavrador abandona seu labor, o pastor seu rebanho, o nobre vende suas heranças para tirar quatrocentas ou quinhentas libras de rendas constituídas em vez de cem libras de renda fundiária. E depois a renda constituída se extingue e o dinheiro se dissipa em fumaça, de modo que aqueles que não sabem ofício algum para ganhar dão para roubar ou semear sedições e guerras

---

[66] Rufino e Nicéforo na História eclesiástica.
[67] Jeremias 5.

civis para ladroar em segurança. Isso é ainda mais de se temer quando um dos estados da República, o menor em força e em número, possui quase tantos bens quanto todo o resto. É o que se viu outrora no estado eclesiástico, no qual a centésima parte dos súditos nas Repúblicas do Ocidente, que compunham o terceiro estado, tinham os dízimos, de qualquer natureza que fossem, e contra as ordenanças da Igreja primitiva, como os próprios papas admitem, apoderaram-se de todos os legados testamentários, tanto móveis quanto imóveis, ducados, condados, baronatos, feudos, castelos, casas nas cidades e no campo, rendas de todo tipo, obrigações gratuitas.

O estado eclesiástico se enriquece e os outros se empobrecem

Não obstante, tomavam sucessões de todos os lados, vendiam, trocavam, adquiriam e negociavam a renda dos benefícios para empregá-la em outra aquisição. E tudo isso sem talhas, impostos nem encargos, nos lugares mesmos onde as talhas são pessoas, de modo que foi necessário ordenar aos eclesiásticos que abrissem mão das heranças e bens imóveis deixados à Igreja dentro de certo prazo, sob pena de serem confiscados. Foi o que se fez na Inglaterra por édito do rei Eduardo I, que proibiu também a todas as pessoas de Igreja que adquirissem imóveis, tal como consta da Carta Magna da Inglaterra, o que depois foi reiterado pelo imperador Carlos V nos países baixos, sob pena de confisco. Isso parece ter sido também proibido antigamente, pois vemos que os condes de Flandres eram herdeiros dos padres, costume abolido pelo papa Urbano V. Pela mesma razão, o Parlamento de Paris proibiu os cartuxos e celestinos de Paris de adquirir, contra a opinião do abade de Palermo. Contudo, as proibições estão fundadas no capítulo *nuper, de decimis*. Em Veneza há uma ordenança que ordena que as pessoas de Igreja abram mão dos imóveis, com proibição de apor ao testamento qualquer legado a cargo de uma pessoa eclesiástica e de fazer testamento pela boca de uma pessoa de Igreja. E pelas ordenanças feitas a pedido dos estados de Orléans, artigo, XXVII, é proibido a todas as pessoas eclesiásticas receber testamentos ou disposições de última vontade nas quais lhes seja dada alguma coisa (o que é muito mal executado), devido aos abusos que se cometiam, em virtude do capítulo *Cum esset. de testam.* E não faz nem cem anos que não se enterrava nesse reino um morto em lugar santo se ele não tivesse deixado algo para a Igreja em testamento, de modo que era tomada comissão do oficial subordinado ao primeiro padre no local, o qual, considerando os bens do defunto morto intestado, deixava para a Igreja o que ele queria, em nome do defunto. Isso foi reprovado por duas sentenças do Parlamento de Paris, uma de 1388 e outra de 1401.

Antigo direito dos duques da Normandia e condes de Poitou

Tenho também uma declaração extraída do tesouro da França segundo a qual os vinte barões da Normandia citados no ato datado de 1202 declaram ao rei Felipe, o Conquistador, que os bens daquele que morre sem testar lhe pertencem se o defunto esteve doente por três dias antes de morrer. E na confirmação dos privilégios de La Rochelle, outorgada por Ricardo rei da Inglaterra e conde de Poitou, está dito que os bens dos habitantes não seriam confiscados se eles morressem sem fazer testamento. Isso era comum também na Espanha até a ordenança de Fernando em 1392 que continha estas palavras: *Que no se llaven quintos de los que mueren sin fazer testamento dexando hijos o parientes dentro del quarto grado que pueden haver et heredar sus bienes*, ou seja, que o quinto não será cobrado daqueles que morrerem sem testar, à condição que tenham filhos ou parentes aptos a suceder até o quarto grau. Portanto, não devemos nos espantar se o estado eclesiástico tinha tantos bens, visto que todos eram obrigados a testar sob penas tão rigorosas e que era estritamente proibido alienar ou confiscar por muitos anos o bem da Igreja, sob pena de nulidade. De fato, foi feito um balanço sumário em 1563 dos bens que a Igreja possuía nesse reino. Foram contados 12 milhões e 300 mil libras de renda, sem incluir as esmolas ordinárias e ocasionais. Mas L'Allemant, presidente das contas em Paris, contabilizou que a ordem eclesiástica detinha sete das doze partes da receita da França. E pelos registros da câmara de contas vê-se que há nesse reino doze arcebispados, cento e quatro bispados, quinhentas e quarenta abadias e 27 mil e quatrocentas cúrias, tomando cada cidade como uma cúria, assim como o mais ínfimo vilarejo onde houver paróquia, além dos priorados. E haveria muito mais ainda se o papa João XXII não tivesse cassado o decreto do papa Nicolau, que havia permitido que todos os mendigos tomassem os frutos das heranças e rendas que lhes fossem deixadas, permanecendo a propriedade com o Papa. Era uma sutilidade grosseira para aniquilar os votos de pobreza, visto que a propriedade é inútil, como diz a lei, se o usufruto é perpétuo, tal como os corpos e colégios são perpétuos.

Oportunidade que se aproveitou para arruinar o estado eclesiástico

Não digo se os bens são empregados como se deve, mas digo que a desigualdade tão grande deu talvez ensejo aos distúrbios e sedições ocorridos em quase toda a Europa contra o estado eclesiástico, embora em aparência o pretexto fosse religioso. Pois se não houvesse surgido essa oportunidade, haver-se-ia encontrado alguma outra, como se fez antigamente contra os templários e contra os judeus. Ou então ter-se-ia exigido novas partilhas de terras, o que o tribuno romano Felipe exigia para o povo miúdo, demonstrando-lhe em voz alta que só havia dois mil homens em Roma que tinham todo o patrimônio[68], embora fossem mais de trezentos mil pelo número que foi recenseado. Pouco a pouco houve alguns tão ricos que o patrimônio de M. Crasso concedido por declaração aos censores foi estimado em seis milhões de escudos coroa[69]. Cinquenta anos depois ocorreu que Lêntulo, sacerdote augural, tinha um patrimônio de dez milhões de escudos coroa[70]. Os romanos tentaram remediar isso mandando publicar várias leis sobre a divisão das heranças[71], entre as quais umas queriam que se dividisse entre o povo miúdo os países conquistados, como a Lei Quíntia e a Lei Apuleia. Se tais leis tivessem sido sempre bem executadas, como foi feito durante algum tempo, as sedições que perturbaram o estado não teriam ocorrido. Mas o mal foi que os países conquistados foram concedidos ao domínio da República e depois transferidos a certos particulares por favor, com o encargo de pagar o dízimo dos grãos e o quinto dos outros frutos, além de algum dinheiro pelos pastos[72]. No entanto, esse dinheiro e esses deveres não eram nem cobrados nem pagos por causa da inteligência dos maiores que os detinham de terceiros.

---

68 Cícero, In officiis et Ad Atticum.
69 Plutarco, C. Asso.
70 Sêneca, De beneficiis liv. 2 cap. 37.
71 Políbio liv. 2.
72 Apiano liv. 1.

Por essa causa, o tribuno Sexto Tito apresentou requerimento ao povo[73] no sentido de que fosse ordenado aos recebedores do domínio que cobrassem os atrasados que eram devidos. O requerimento foi ratificado, mas, por não ter sido bem executado, deu ensejo à apresentação de outros requerimentos ao povo para que as terras e domínios da República que alguns particulares detinham sem pagar nada fossem divididos entre o povo miúdo. Isso espantou muito os ricos, que mandaram secretamente intervir Sp. Thorius, tribuno do povo, a fim de que fosse ordenado que as terras permaneceriam com os possessores pagando-se as taxas aos recebedores do domínio. Feito isso, eles também mandaram ab-rogar a Lei Thoria para ficar quites dos encargos[74], pois os senadores, cônsules, censores, recebedores e outros magistrados, que eram executores das leis, detinham eles mesmos o domínio da República.

Enfim, a Lei Semprônia foi publicada com toda força, a pedido de Tibério Graco[75]. Ela era diferente da Lei Licínia[76], que proibia todas as pessoas, de qualquer estado ou qualidade que fossem, de ter mais de quinhentos jornais de terra do domínio público, cem animais de chifre, quinhentos animais brancos, sob pena de que o excedente seria confiscado. A Lei Semprônia só falava das terras do domínio da República, ordenando que haveria a cada ano três comissários deputados pelo povo para distribuir aos pobres o excedente de quinhentos jornais do domínio público que seria encontrado numa família. Mas o tribuno foi morto no último dia da publicação pela sedição que foi instigada pelos nobres. Não obstante, dez anos depois, seu irmão Caio Graco, então tribuno do povo, fez executar a lei. É verdade que ele também foi morto a seguir, embora depois de sua morte o senado, para apaziguar o povo, tenha feito executar a lei contra muitos. E para que as terras não ficassem baldias porque os pobres não tinham meios de ter gado e outros móveis para lavrar, foi ordenado que, segundo a Lei Semprônia de Tibério Graco, os tesouros do rei Átalo, que havia nomeado o povo romano seu herdeiro, seriam distribuídos aos pobres a quem se houvesse concedido parte do domínio. Isso fez com que muitos dos pobres ficassem satisfeitos, e para impedir no futuro que houvesse tais sedições enviou-se parte do povo miúdo às colônias nas quais

---

[73] Cícero, De oratione pro Muraena liv. 2; Valet. liv. 8 cap. 1.
[74] Apiano, Belli civilis liv. 1; Cícero, Brutus.
[75] No ano 620 da fundação de Roma. Plutarco, Graec.; Floro, epítome 58.
[76] Promulgada no ano 387. Lívio liv. 6; Apiano, Emphyl. liv. 1.; Plutarco, Camilo.

eram divididos os países conquistados aos inimigos. Mas havia um artigo na Lei de C. Graco que era o mais necessário e no entanto foi derrogado[77], a saber, que os pobres seriam proibidos de vender ou abrir mão das heranças que lhes fossem atribuídas, pois os ricos, ao ver que os pobres não tinham meios de manter as terras em bom estado, compravam-nas de volta.

Havia também outra causa da desigualdade dos bens, a saber a faculdade de cada um de dispor inteiramente de todos os seus bens para qualquer pessoa que fosse, segundo a Lei das Doze Tábuas.

Lei testamentária criou desigualdade

Todos os outros povos, exceto os atenienses, entre os quais Sólon foi o primeiro a publicar esta lei[78], não tinham a faculdade de dispor das heranças. O próprio Licurgo, tendo dividido as heranças dos habitantes da cidade em sete mil partes (alguns dizem mais, outros menos) e as dos habitantes do campo em doze mil partes iguais, não concedeu faculdade a ninguém para dispor delas. Ao contrário, a fim de que por decurso de tempo as sete mil partes de heranças não fossem vendidas ou diminuídas em vários membros, foi depois ordenado que apenas o primogênito da casa ou o mais próximo sucederia em toda a herança e não poderia ter mais que uma parte de sete mil; também precisaria ser espartano nato. Os outros ficavam inteiramente alijados da sucessão, como diz Plutarco ao falar do rei Agesilau[79], que no início foi alimentado parcamente como caçula porque era descendente dos filhos mais novos. Isso manteve durante algum tempo as sete mil casas em igualdade, até que um éforo, irritado com seu filho mais velho, apresentou requerimento à senhoria, que foi aprovado com força de lei, para que fosse permitido que cada um dispusesse de seus bens por testamento. Essas leis testamentárias, que foram acolhidas na Grécia e depois publicadas em Roma e gravadas nas doze tábuas, deram ensejo a grandes mudanças, pois os povos do Oriente e do Ocidente não podiam dispor por testamento dos imóveis, costume que ainda é observado em partes da França, da Alemanha e de outras nações do Setentrião. Por isso Tácito escreve que os alemães não tinham hábito de

---

[77] Apiano, Belli civilis liv. 1.
[78] Plutarco, Sólon.
[79] Plutarco, Agesilau.

fazer testamentos, o que muitos atribuíram equivocadamente à ignorância e à barbárie. Também na Polônia era estritamente proibido pelas ordenanças dos dois Sigismundos, conforme os antigos costumes, dispor por testamento dos imóveis, de qualquer natureza que fossem. Os óxilos e fitálidas tinham ainda um costume mais expresso, que proibia até que se hipotecasse os imóveis[80]. E pelo costume de Amiens e outros costumes do país baixo de Flandres era proibido aos nobres alienar seus feudos, a não ser depois de ter solenemente jurado pobreza, o que também é estritamente observado na Espanha.

Dissemos acima que a lei de Deus proibia também toda alienação dos imóveis, seja entre vivos ou por testamento, reservando o direito de primogenitura em cada casa sem distinção entre o nobre e o plebeu. Ora, parece que os primogênitos, ao suceder integralmente, como os sete mil espartanos na Lacedemônia e os de Caux na Normandia, nobres ou plebeus, conservam muito melhor o esplendor e dignidade das casas e famílias antigas, que por esse meio não são desmembradas, e em geral todo o estado da República fica tanto mais firme e estável, apoiado que está sobre as boas casas como sobre grandes pilares imutáveis, que não poderiam suportar o peso de um grande edifício se fossem franzinos, mesmo que estivessem em maior número.

As casas grandes e ilustres são boas para conservar a aristocracia e contrárias ao estado popular e à tirania

De fato, parece que a grandeza dos reinos da França e da Espanha está fundada somente sobre as grandes casas nobres e ilustres e sobre os corpos e colégios, os quais se reduzem a nada se forem desmembrados em pedaços. Todavia, essa opinião tem mais aparência que verdade, a não ser no estado aristocrático. Pois é certo que o monarca não tem nada a temer a não ser os grandes senhores e os corpos e colégios, e principalmente o monarca senhorial e tirânico. Quanto ao estado popular, que exige a igualdade em todas as coisas, como poderia suportar desigualdade tão grande entre as famílias de forma que um ficasse com tudo e os outros morressem de fome? Todas as sedições que ocorreram em Roma e na Grécia estavam fundadas apenas sobre esse ponto. Resta, portanto, o estado aristocrático, no qual os senhores são em tudo e por tudo desiguais com relação ao povo miúdo. Nesse caso o direito

---
[80] Aristóteles, Política.

de primogenitura pode conservar o estado aristocrático, como na senhoria aristocrática da Lacedemônia, onde os sete mil espartanos primogênitos, iguais nas partes de herança, não podiam sobrepujar uns aos outros em nada. Quanto aos caçulas, a virtude os levava aos estados e cargos segundo seus méritos, e acontecia geralmente que estes eram os mais ilustres, por não terem, como diz Plutarco, outro meio de progredir a não ser pela virtude. Era também o antigo costume dos gauleses, que teria se conservado se a proibição de alienar os feudos tivesse sido bem executada segundo o direito dos feudos e das ordenanças deste reino e do Império, onde tal costume é mais bem observado que em qualquer outro lugar. As mesmas proibições foram feitas na Polônia por ordenança dos reis Alberto e Sigismundo Augusto em 1495 e 1538, e na Bretanha por édito de Pedro duque da Bretanha, que atribui a pena de confisco dos feudos. E embora Luís XII tenha abolido as proibições em 1505, o rei Francisco I renovou o édito em 1535 com a mesma pena de confisco.

 O que poderia unir mais estreitamente a nobreza ao povo miúdo no estado aristocrático seria que os filhos mais novos pobres desposassem os mais ricos do povo, como se fez em Roma após a Lei Canuleia e ainda se faz em Veneza e em quase toda República onde a nobreza tem alguma prerrogativa sobre os plebeus. Esse é o meio mais seguro para conservar a nobreza em bens, honras e dignidades. No entanto, é preciso regular os dotes das mulheres em qualquer estado que seja, a fim de que as casas intermediárias não sejam totalmente empobrecidas para enriquecer os nobres. Nisso os antigos legisladores encontraram dificuldade para manter a igualdade de que falamos e evitar que as casas e antigas famílias fossem desmembradas e aniquiladas pelas filhas. A lei de Deus não queria que as filhas sucedessem enquanto houvesse irmãos. E mesmo que não houvesse irmãos, era ordenado às filhas herdeiras que desposassem os mais próximos da família para que, diz a lei, as heranças não fossem retiradas das casas pelas filhas. Essa lei era observada na Grécia, onde o próximo na linhagem desposava a herdeira, que eles chamavam de ἐπίκληρον, e a filha não podia desposar outro[81]. Na Pérsia e na Armênia, a filha não levava nada da casa, apenas móveis, costume que ainda é seguido em todo o Oriente e em quase toda a África, embora o imperador Justiniano, ou na verdade sua mulher Teodora, que sempre favoreceu seu sexo, tenha reformado o costume da Armênia, chamando-o de bárbaro a esse respeito, sem levar em conta a intenção dos antigos legisladores.

---

81 Demóstenes, Contra Bœotum et alibi saee.

A desigualdade de bens advém das filhas herdeiras casadas aos mais ricos

Hipódamo, legislador milésio, não queria retirar as sucessões às filhas, mas ordenou que as ricas se casassem com os pobres. Ao proceder assim, ele preservou a igualdade de bens e o amor entre os cônjuges, bem como entre os pobres e os ricos. Mas é certo que, se as mulheres forem equiparadas aos homens no direito sucessório, as casas serão logo desmembradas, pois há ordinariamente mais mulheres do que homens, seja nas Repúblicas em geral, seja nas famílias em particular, o que se verificou primeiro em Atenas, onde a pluralidade das mulheres deu o nome à cidade[82]. E há vinte anos em Veneza, onde aflui uma multidão de estrangeiros, feitas as contas constatou-se duas mil mulheres a mais, seja porque não estavam expostas aos perigos das guerras e viagens, seja porque a natureza produz mais coisas que são perfeitas do que as que não são. É por isso que um antigo político[83] dizia que, das cinco partes da herança, as mulheres da Lacedemônia detinham três, o que ocorreu depois que a permissão de dispor dos bens foi aceita. E por essa causa, diz ele, elas comandavam absolutamente os maridos[84], que as chamavam de damas.

Porém, para evitar que tal inconveniente acontecesse em Roma, o tribuno Vocônio Saxa, persuadido por Catão, o Censor, apresentou ao povo requerimento que foi aceito com força de lei e segundo o qual foi ordenado[85] que as mulheres dali em diante não sucederiam mais enquanto houvesse varões portando o nome, em qualquer grau de consanguinidade, e que elas não poderiam receber em testamento mais da quarta parte dos bens nem mais que o menor dos herdeiros do testador. Essa lei conservou as casas antigas na sua dignidade e os bens em algum equilíbrio de igualdade. Além do mais, foi um grande argumento para trazer as mulheres de volta à razão. Todavia, encontrou-se um meio de fraudá-la por legados fiduciários feitos aos amigos com solicitação de reverter as sucessões ou legados às mulheres, que não podiam solicitá-los por via de ação, nem mesmo por via de requerimento

---

[82] Pausânias, Atticae.
[83] Aristóteles, Política.
[84] Plutarco, Laconici; Aristóteles, Política.
[85] Floro, epítome 41; Paul. sentent. liv. 4; Cícero, Verrina 3 e De Finibus; Díon liv. 56; Gélio liv. 17; Augusto, De Civitate liv. 3.

antes de Augusto. Depois que a lei foi aniquilada e que houve mulheres que carregavam duas ricas sucessões suspensas nas duas orelhas, como diz Sêneca, e que a filha de um procônsul se mostrou uma vez tendo sobre ela em roupas e pedrarias o valor de três milhões de escudos, e que a desigualdade dos bens chegou ao ponto mais alto, dali em diante o Império Romano só fez declinar de mal a pior até que foi completamente arruinado.

De acordo com o antigo costume de Marselha[86], não era permitido conceder às filhas mais de cem escudos em casamento e mais de cinco escudos em trajes.

Louvável ordenança de Veneza

E de acordo com as ordenanças de Veneza é proibido dar mais de mil e seiscentos ducados à filha nobre; se um gentil-homem veneziano desposa uma plebeia ele só pode tomar dois mil ducados; e as mulheres não podem suceder enquanto houver homens na família. É verdade que essa ordenança é tal mal observada quanto a do rei Carlos IX, que proíbe conceder à filha em casamento mais de dez mil libras. No entanto, a ordenança do rei Carlos V só concede às filhas da casa de França dez mil libras. E embora Elizabete da França, filha de Felipe, o Belo, tenha sido casada com o rei da Inglaterra, ela só recebeu doze mil libras em casamento. Dir-me-ão que era muito, visto a raridade do ouro e da prata, mas também a diferença é bem grande entre dez mil libras e quatrocentos mil escudos. É verdade que ela era a mais bela princesa de sua época, e da casa mais ilustre que então havia.

Ordenança da França para o casamento das filhas

E se procurarmos mais longe, veremos na lei de Deus que o casamento de uma filha é taxado no máximo em cinquenta siclos, que perfazem quarenta libras da nossa moeda. Isso me faz crer que é verossímil o costume antigo da Pérsia segundo o qual os comissários deputados a cada ano para casar as filhas concediam as mais honestas e mais belas a quem oferecesse mais, e com o dinheiro então obtido casavam-se as menos estimadas com desconto, para que nenhuma delas ficasse destituída. O sábio legislador deve prestar atenção

---

[86] Estrabão liv. 4.

nisso, como fez muito bem Platão, pois retirar às filhas todo meio de prover-se segundo sua qualidade é dar ensejo a inconveniente maior. E parece que os costumes de Anjou e do Maine atribuíram-lhes o terço das sucessões nobres em propriedade, que é deixado aos varões apenas em usufruto para que as filhas não fiquem totalmente destituídas por não terem meios de progredir como os homens, que até agora fizeram várias reclamações para reformar o costume. Isso poderia ser feito, como se fez, com o quinto vitalício no costume de Montdidier e por força no costume de Vendôme (antiga castelania do país de Anjou, antes de ser elevada a condado ou ducado), onde um dos filhos mais novos da casa de Anjou aprisionou seu irmão mais velho e obrigou-o a mudar o costume de Anjou no que tange à castelania de Vendôme, que ele havia recebido em usufruto. Embora na Bretanha, pela disposição do conde Geoffroy, desde 1185 os primogênitos nobres levem toda a sucessão e alimentem os filhos mais novos segundo sua vontade, devido aos inconvenientes inevitáveis Artus I duque da Bretanha ordenou que o terço da sucessão seria atribuído aos filhos mais novos em vida. O mesmo se fez no país de Caux, por sentença do Parlamento de Rouen, deduzindo-se a porção das filhas[87].

No que precede falei somente dos súditos, mas também é preciso tomar cuidado para que os estrangeiros não se instalem no reino e não adquiram os bens dos súditos naturais; e para que não se tolere os vagabundos que se disfarçam de egípcios e não são nada mais que ladrões, contra os quais a ordenança feita a pedido dos estados de Orléans contém injunção aos magistrados e governadores para expulsá-los do reino. O mesmo foi ordenado na Espanha por édito de Fernando de 1492 que comporta estas palavras: *Que los Egyptianos con señores salgan del Reyno dentro sessenta dias*. Esses vermes se multiplicam nos montes Pireneus, nos Alpes, nos montes da Arábia e em outros lugares montanhosos e inférteis, e depois descem como moscas vespas para comer o mel das abelhas.

Eis sumariamente os meios que me pareceram convenientes para evitar a pobreza extrema da maioria dos súditos e a riqueza excessiva de um pequeno número, deixando para dizer em seguida se os feudos destinados ao serviço da guerra devem ser desmembrados ou alienados. Digamos agora se os bens dos condenados devem ser deixados aos herdeiros.

---

[87] Sentença de 24 de janeiro de 1521.

Capítulo III

Se os bens dos condenados devem ser transferidos ao fisco ou à Igreja ou então deixados aos herdeiros

Este capítulo depende do anterior, pois uma das causas que reduz os súditos à pobreza extrema é retirar os bens dos condenados aos herdeiros legítimos e até aos filhos que não têm outro apoio ou esperança senão na sucessão dos seus pais e mães. E tanto maior será a pobreza quanto maior for o número de filhos, aos quais por direito natural a sucessão dos pais pertence. E por direito divino[88] eles não devem sofrer a pena de seus pais. E não somente a lei de Deus e a lei natural parecem ser violadas por tais confiscos, mas também a fome e a pobreza à qual os filhos se veem reduzidos, mesmo aqueles que são alimentados com delícias, coloca-os amiúde em desespero, de modo que não há maldade que eles não façam, seja para vingar, seja para pôr fim à pobreza que os oprime. Afinal, não se deve esperar que aqueles que são

---

[88] Ezequiel cap. 18, Deuteronômio 14 e 4, Reis 4, Jeremias 31.

alimentados como senhores trabalhem numa loja. E se não aprenderam nada, não começarão agora que todos os meios lhes foram retirados. Acrescente-se que a vergonha que eles têm, seja de mendigar, seja de sofrer a contumélia dos infames, obriga-os a banirem-se voluntariamente e filiar-se aos ladrões ou corsários, de modo que de um confiscado resultam às vezes dois ou três piores do que aquele que perdeu os bens e a vida. Dessa maneira, a pena, que deve servir não somente para a vingança dos delitos, mas também para diminuir o número de malvados e garantir a segurança dos bons, acaba produzindo efeitos totalmente contrários. Essas razões brevemente citadas, que se poderia amplificar com exemplos, parecem necessárias para mostrar que a ordenança do imperador Justiniano, aceita e praticada em vários países, é muito justa e útil, a saber que os bens dos condenados serão deixados aos herdeiros, a não ser em caso de lesa-majestade de primeiro grau.

Ao contrário, pode-se dizer que essa ordenança é nova e contrária a todas as leis antigas e ordenanças dos mais sábios Príncipes e legisladores, que sem causa muito grande não quiseram que os bens dos condenados fossem adjudicados ao público, seja para reparação dos erros, que frequentemente acarretam apenas multa, que deve ser paga ao público que foi ofendido, pois de outro modo não haveria nenhum meio para se punir pecuniariamente, que todavia é a pena mais ordinária; seja pela qualidade dos crimes e daqueles que desfalcaram o público, que devem ser reparados com os bens daquele que se apropriou do alheio; seja para endireitar os malvados que cometem todos os males do mundo para enriquecer seus filhos e frequentemente não se importam em perder a vida ou até danar-se, à condição que seus filhos sejam herdeiros de suas pilhagens e concussões.

Não há nada que os malvados não façam para enriquecer seus filhos

Não é necessário verificar isso por exemplos que são infinitos. Contentar-me-ei com um único[89], de Cássio Licínio, que, tendo sido acusado, indiciado e convicto de vários furtos e concussões, ao ver que Cícero, então presidente, vestia a toga tecida de púrpura para pronunciar a sentença de confisco de bens e banimento, mandou dizer a Cícero que tinha morrido

---

89 Valério Máximo liv. 9.; Plutarco, Cícero.

durante o processo e antes da condenação, e imediatamente diante de todos ele se enforcou com uma toalha para garantir os bens para seus filhos. Então Cícero, diz Valério, não quis pronunciar a sentença. De fato, estava em poder do acusado salvar sua vida abandonando seus bens até o momento das finalizações e conclusões dos acusadores, como fizeram Verres e vários outros em casos semelhantes, pois pela Lei Semprônia era proibido[90] condenar o burguês romano à pena de morte e pela Lei Pórcia era proibido vergastá-lo. Embora Plutarco e o próprio Cícero escreva a seu amigo Ático que ele havia condenado Licínio, isso pode se aplicar ao parecer e opinião de todos os juízes e não significa que ele tenha pronunciado a sentença, pois as últimas leis sobre a pena daqueles que pilharam o público ou que se matam ao serem denunciados ainda não haviam sido feitas. Mais de cento e cinquenta anos depois, os culpados e acusados que tinham se matado de desespero ou aflição estavam sepultados e seus testamentos valiam[91], ainda que fossem culpados: *pretium festinandi*, diz Tácito, ou seja, os homicídios contra suas pessoas tinham essa vantagem sobre os outros. Porém, quer fossem condenados após sua morte, quer morressem de arrependimento, pode-se constatar com certeza que muitos não veem obstáculo em danar-se para enriquecer seus filhos.

E talvez um dos maiores incentivos que impede os malvados de infringir a lei é o temor que têm de que seus filhos sejam mendigos por terem seus bens confiscados. É por isso que a lei diz que a República tem notável interesse em que os filhos dos condenados sejam indigentes e sofredores. E não se pode dizer que a lei de Deus ou da natureza seja infringida, visto que os bens do pai não pertencem aos filhos e não há sucessão daquele a quem os bens foram retirados justamente antes que ele morresse. Dizer também que os filhos despojados de todos os bens serão induzidos a se vingar não faz muito sentido, pois poderiam fazer pior ainda tendo os bens, os meios e o poder para se vingar. De fato, a lei alija os filhos dos condenados em primeiro grau de lesa-majestade de todas as sucessões diretas e colaterais e deixa às filhas, que têm menos poder para se vingar, a legítima sobre os bens maternos.

---

[90] Cícero, Pro Rabirio perduellio.
[91] Paulo, Sentent. de jure fisci. liv. 5; Tácito liv. 5.

Recompensas necessárias para os acusadores

Mas há um inconveniente muito maior se os bens dos condenados forem deixados aos herdeiros: é que as recompensas dos acusadores e delatores serão suprimidas e não se encontrará ninguém para pagar os custos do processo, e assim as maldades permanecerão impunes. São inconvenientes de um lado e de outro. E para resolver alguma coisa é necessário que as justas dívidas públicas ou particulares e os custos do processo sejam recolhidos e deduzidos dos bens dos condenados, se tiverem meios para isso, de outro modo não se fariam muitas persecuções. Não obstante, essa cláusula não deve ser aposta às sentenças e foi reprovada por diversas sentenças do Parlamento, para que os senhores sejam advertidos de que devem justiça, ainda que o culpado não possua nada.

A ordem que se deve manter nos bens dos condenados

É igualmente necessário que as multas sejam recolhidas sobre os bens daqueles que foram condenados somente a soma pecuniária, à condição, todavia, que sejam recolhidas somente sobre os móveis e aquestos e que o principal permaneça com os herdeiros. Em caso de crime capital, os móveis e aquestos devem ser confiscados vendidos a quem oferecer mais, para cobrir os custos do processo e as recompensas dos acusadores e delatores, e o excedente deve ser empregado em obras públicas ou caridosas, permanecendo o principal com os herdeiros legítimos. Procedendo-se assim se poderá evitar a pobreza extrema dos filhos, a avareza dos caluniadores, a tirania dos maus Príncipes, a fuga dos malvados e a impunidade dos delitos. Pois confiscar as próprias heranças atribuídas às famílias não faz muito sentido quando não é permitido aliená-las por testamento nem, em vários lugares, por disposição entre vivos; além do que decorre disso uma desigualdade de bens excessiva. Por essa mesma causa é preciso que os móveis e aquestos sejam vendidos e não confiscados para a Igreja nem para o público, a fim de que os bens dos particulares não acabem sendo todos concedidos ao fisco ou à Igreja, visto que não se quer que os bens unidos ao domínio da República ou da Igreja possam ser alienados. E ainda é preciso que os delatores e acusadores sejam os primeiros assalariados, não com as posses dos condenados (o que poderia incitá-los a caluniar pessoas de bem), mas com alguma soma de dinheiro, pois o desejo de ter a casa ou a herança de outrem, que não se pode ter mediante dinheiro, daria muito ensejo aos caluniadores para arruinar inocentes. No entanto, é preciso dar alguma recompensa aos delatores e acusadores, de outro modo não se pode esperar que um procurador fiscal ou os juízes movam processo contra os malvados. E assim como o bom monteiro toma cuidado para não deixar de dar o encarne aos cães que apanharam o animal selvagem, para atiçá-los e torná-los mais dispostos, assim também é preciso que o sábio legislador dê recompensas àqueles que amarram os lobos e leões domésticos. E como não há nada, depois da honra de Deus, de maior importância que a punição dos delitos, é preciso buscar todos os meios que é possível imaginar para obtê-la.

Os inconvenientes de adjudicar o confisco ao público

Mas a dificuldade não é pequena em se retirar os confiscos ao público para empregá-los como dissemos, e principalmente na monarquia. Todavia, há tantas razões para isso que o Príncipe sábio e virtuoso as levará em maior consideração para sua reputação que todos os bens do mundo adquiridos por confisco. Afinal, se o domínio público traz grande receita ou os encargos cobrados sobre o povo são suficientes, o confisco não deve ser destinado ao fisco. Se a República for pobre, deve-se menos ainda enriquecê-la com confiscos, pois seria abrir a porta aos caluniadores para negociar o sangue dos pobres súditos a preço de dinheiro, e aos Príncipes para serem tiranos. Por isso vemos que o cúmulo da tirania extrema sempre foi o confisco dos súditos. Por esse meio o imperador Tibério deu ensejo a uma matança cruel, deixando o valor de 67 milhões de escudos coroa adquiridos em sua maioria com confiscos. Depois dele seus sobrinhos Calígula e Nero imperadores ensanguentaram suas mãos com o sangue dos homens mais virtuosos e eminentes de todo o Império, a maioria pelos bens que possuíam. Bem se sabe que Nero não tinha nenhum motivo para mandar matar seu mestre Sêneca senão para tomar seus bens. E nunca faltam caluniadores que sabem muito bem que nunca serão perseguidos por suas calúnias, já que são apoiados pelo Príncipe, que leva parte do proveito. Assim, Plínio, o Jovem, ao falar dessa época, disse:"Temos visto os julgamentos dos delatores como bandidos e ladrões", pois não havia nem testamentos assegurados, nem o estado de ninguém. É por isso que se ordena aos procuradores do rei, pelas ordenanças desse reino, que indiciem o delator se a acusação acabar por se revelar caluniosa. Isso é necessário na Espanha antes que o procurador fiscal seja admitido a acusar alguém, pelo édito de Fernando feito em 1492 nestes termos: *Que ningun fiscal pueda accusar à consejo persona particular, sin dar primeramente delator*. Em suma, se os confiscos sempre foram odiosos em toda República, são ainda mais perigosos na monarquia que no estado popular ou aristocrático, nos quais os caluniadores não encontram lugar tão facilmente. Se me disserem que não se deve temer esses inconvenientes no estado real quando se lida com bons Príncipes, eu respondo que o direito dos confiscos é um dos maiores meios já inventados para transformar um bom Príncipe em tirano.

Os tiranos enriquecidos pela calúnias mediante os confiscos

Pois aquele que não tem oportunidade para mandar matar seu súdito, se espera obter seu patrimônio mandando matá-lo, nunca terá falta de crime, nem de acusadores, nem de bajuladores. E com frequência as mulheres dos Príncipes ateiam fogo e inflamam seus maridos a toda crueldade para obter os bens dos condenados. Achab rei da Samaria não podia arrancar nem por dinheiro nem por preces a vinha de Nabot; a rainha Jezabel forneceu-lhe duas falsas testemunhas para condenar o inocente como culpado de lesa-majestade divina e humana. Faustina não parou de importunar o imperador Marco Aurélio seu marido para mandar matar os filhos inocentes de Avídio Cássio, condenado por lesa-majestade, cujos bens o imperador queria deixar para os filhos, como faziam antigamente os reis da Pérsia[92], mesmo para os crimes de lesa-majestade, e como se fez amiúde nesse reino. Pelas ordenanças da Polônia o confisco só ocorre para o primeiro grau de lesa-majestade, e no mais das vezes os bens são devolvidos aos pais. Mas é coisa muito difícil obter de volta os bens uma vez que foram confiscados, seja com razão ou sem, pois considera-se como regra fiscal que as multas adjudicadas ao fisco e recebidas nunca são devolvidas, ainda que tenham sido adjudicadas sem razão. Isso é ainda mais de se temer quando os bens dos condenados por crime de lesa--majestade são confiscados para o Príncipe com exclusão dos outros senhores,

---

[92] Heródoto liv. 3.

seja dependentes da coroa ou soberanos, que não podem ter pretensão a eles se o súdito de outrem for condenado por lesa-majestade, o que eles poderiam fazer no caso de todos os outros crimes.

Embora se possa contar tantos reis bons e virtuosos nesse reino quanto já houve em qualquer monarquia na Terra, pode-se constatar que o domínio não teve maior crescimento do que por meio de confiscos ou doações forçadas. E já houve Príncipe no mundo igual em virtude, piedade, integridade ao nosso rei São Luís? Todavia, pelos meios que citei, ao condenar Pierre de Dreux ele confiscou e reuniu à sua coroa o condado de Dreux[93], como fez também com Thibaut conde de Champagne e rei da Navarra, que teria corrido o mesmo perigo se não tivesse abandonado Bray, Fortione e Monstrueil[94]; e com Raymond conde de Toulouse no país do Languedoc. Os países de Guyenne, Anjou, Maine, Touraine e Auvergne foram acrescidos à coroa por confiscos na época de Felipe o Conquistador[95]. O ducado de Alençon e o condado do Perche também foram unidos ao reino por confisco[96]. O mesmo ocorreu com o Périgord[97], Pontieu[98], a Marcha[99], Angoulême[100], a ilha no Jourdain, o marquesado de Saluces[101] e todos os bens de Carlos de Bourbon, além de várias outras senhorias particulares que foram confiscadas por crime de lesa-majestade segundo o costume das outras Repúblicas e as leis antigas.

Segundo o costume da Escócia, todos os bens dos condenados são adquiridos pelo fisco, sem levar em consideração a mulher ou os filhos, nem os credores, coisa muito cruel e bárbara. Se me disserem que, quando o rei abre mão dos feudos e terras que não dependem dele sem meio, segundo a ordenança de Felipe, o Belo[102], e dá a maioria das que dependem dele simplesmente, como ele pode fazer antes que elas sejam acrescidas ao seu

---

[93] Por sentença dada em Ancenis em 1230.
[94] Em 1234.
[95] Em 1202.
[96] Em 1458.
[97] Em 1396.
[98] Em 1370.
[99] Em 1302.
[100] Em 1302.
[101] Em 1535.
[102] De 1304.

domínio, segue-se daí que o Príncipe não poderá reduzir ao seu domínio nem apropriar ao público todos os bens dos particulares, como poderia ser feito com o tempo. Para evitar esse inconveniente, não é permitido ao rei obter por resgate feudal as terras que dependem dele sem meio, pois ele também poderia se tornar senhor proprietário de todas as heranças dos súditos. Isso foi julgado por sentença de 15 de maio de 1533. Eu respondo que esse meio é mais conveniente do que deixar ao público os confiscos, como se fez em Roma pela Lei Cornélia[103], que o ditador Sula mandou publicar depois de ter enriquecido seus amigos e parentes com os despojos de seus inimigos, para evitar o inconveniente de que falei. Tampouco faz sentido atribuir os confiscos aos bajuladores dos Príncipes e ratos da corte, como se faz nas monarquias mal ordenadas, pois é abrir caminho aos caluniadores e dar aos indignos as recompensas daqueles que as merecem.

Por conseguinte, para evitar os inconvenientes de um lado e de outro, na medida do possível, não vejo meio mais conveniente que aquele que já mencionei: após tirar os custos do processo, as dívidas justas, públicas ou particulares, e as recompensas dos acusadores, o excedente do principal deve ser deixado aos herdeiros e o dos aquestos empregado em obras caridosas, à condição que o que for adjudicado aos acusadores ou aos corpos e colégios por caridade será somente em soma pecuniária e não em imóveis, pelas razões que abordei acima. Quanto às obras caridosas, nunca faltam meios para exercê-las, seja nas coisas divinas, seja nas obras públicas, seja nas doenças, seja para os pobres. Antigamente em Roma as multas eram adjudicadas ao tesouro das igrejas para serem empregadas nos sacrifícios. Por esse motivo as multas eram chamadas de *sacramenta*, como diz Sexto Pompeu. Foi por essa causa que Tito Romílio recusou o benefício do povo, que havia ordenado que lhe fosse devolvida a multa à qual havia sido condenado, dizendo que as coisas consagradas a Deus não devem ser-Lhe retiradas. O mesmo se fazia na Grécia com o dízimo dos bens confiscados, que era adjudicado à Igreja, como se pode ver na sentença dada contra Arquiptolomeu, Antífon e cúmplices em Atenas na forma que se segue: "No 21º dia da pritania, na ação movida por Demonicus Dalopece tabelião e Filóstrato capitão contra Andron a respeito de Arquiptolomeu, Onomaches e Antífon, que os capitães declararam terem ido à Lacedemônia com prejuízo para a República e terem

---

103 Cícero, Rullum; Salustiano, Catilina.

saído do campo numa nau dos inimigos, o senado ordenou que sejam pegos em corpo, que os capitães com os dez senadores que serão nomeados pelo senado os entreguem para que sejam punidos; que os tesmótetas chamem-nos no dia seguinte e que os conduzam diante dos juízes, que serão sorteados; e que os ditos capitães e outros que quiserem os acusem, para que, uma vez o julgamento dado, a execução decorra segundo as leis estabelecidas contra os traidores". E sob a sentença o julgamento está posto desta forma: "FORAM condenados Arquiptolomeu e Antífon a serem entregues entre as mãos dos onze executores da justiça, seus bens confiscados, o dízimo reservado à deusa Minerva, suas casas arrasadas". Numa época posterior os confiscos foram inteiramente adjudicados ao fisco.

Não obstante, a lei permitia que os juízes os atribuíssem na sua sentença segundo achavam que a situação merecia, para as obras públicas ou piedosas, como se faz por costume louvável nesse reino. O que eu disse do principal deve ocorrer principalmente quando se trata dos feudos, que devido à prerrogativa e qualidade feudal são atribuídos às antigas famílias para servir ao público. Os alemães cuidaram bem disso, pois em todos os confiscos os parentes próximos são sempre preferidos ao fisco quando se trata de coisa feudal. Isso também faz com que os bajuladores não tenham meio de caluniar, nem os Príncipes de mandar matar as pessoas de bem para obter seus feudos. Essa parece igualmente ter sido a causa pela qual, na lei de Deus[104], a multa era dedicada a Deus e dada aos pontífices se aquele a quem a ofensa tivesse sido feita não fosse encontrado ou não tivesse herdeiro. E como este capítulo diz respeito à recompensa e à pena, a ordem requer que falemos também de uma e de outra.

---

[104] Números 5.

Capítulo IV

Da recompensa e da pena

Os dois fundamentos principais de toda República

É preciso tratar aqui das recompensas e das penas sumariamente, pois quem quisesse discorrer longamente sobre isso faria uma grande obra, haja vista que esses dois pontos dizem respeito inteiramente a todas as Repúblicas. Desse modo, se as penas e recompensas são distribuídas bem e sabiamente, a República será sempre feliz e florescente, e, ao contrário, se os bons não receberem a recompensa de seus méritos e os maus a pena que merecem, não se pode esperar que a República seja durável. Talvez não haja oportunidade maior nem causa mais próxima dos distúrbios, sedições, guerras civis e ruínas das Repúblicas que o desprezo pelas pessoas de bem e o favor que se dá aos maus. Quanto às penas, não é tão necessário discorrer sobre elas quanto sobre as recompensas, visto que todas as leis, costumes e ordenanças estão cheias delas e que há incomparavelmente mais vícios que virtudes e mais maus que pessoas de bem. Mas como as penas em si são odiosas e as recompensas favoráveis, os Príncipes bem entendidos têm o hábito de confiar as penas aos magistrados e reservar para si as recompensas, para adquirir o amor dos súditos e escapar de sua malevolência. Essa é a causa pela qual os jurisconsultos e magistrados trataram amplamente das penas e abordaram muito pouco as recompensas. Embora a palavra "mérito" seja tomada no sentido positivo, como diz Sêneca[105], nós a usaremos indiferentemente e segundo a maneira popular de falar.

Toda recompensa é honrável ou proveitosa, ou ambos conjuntamente, de outra forma não é recompensa, falando popular e politicamente, já que estamos no âmbito da República e não nas escolas dos acadêmicos e estoicos, que não julgam nada proveitoso se não for honesto, nem nada honrável se não for útil. É um belo paradoxo, e totalmente contrário às regras políticas, que nunca pesam o proveito segundo o contrapeso da honra, pois quanto mais as recompensas têm proveito em si, menos honra têm, e o proveito sempre rebaixa o esplendor e dignidade da honra. De fato, são mais estimados e honrados aqueles que empregam seus bens para manter a honra.

Diversas recompensas

Assim, quando falamos das recompensas entendemos os triunfos, estátuas, cargos honoríficos, estados, ofícios, benefícios, dons e imunidades de todos ou de certos encargos.

Diferença entre recompensa e benefício

Como talhas, impostos, tutelas, ir para a guerra, isenções dos juízes ordinários, cartas de estado, de burguesia, de legitimação, de feiras, de nobreza, de cavalaria e outras semelhantes. Mas se o ofício é prejudicial e sem honra, não é mais recompensa, mas, pelo contrário, é encargo ou pena. E não se deve confundir recompensa com benefício, pois a recompensa é dada por mérito e o benefício por graça.

---

[105] De beneficiis liv. 1.

Diferença entre a outorga das recompensas no estado popular e na monarquia

Assim como as Repúblicas são diversas, assim também a distribuição das honras e recompensas é muito diferente na monarquia e nos estados populares e aristocráticos. No estado popular as recompensas são mais honoríficas que proveitosas, pois o povo miúdo só procura obter proveito e liga pouco para a honra, que ele outorga de bom grado a quem pedi-la. O contrário acontece na monarquia, na qual o Príncipe, que distribui as recompensas, tem mais ciúmes da honra que do proveito. Do mesmo modo, na tirania o Príncipe não tem desgosto maior que ver seu súdito honrado e respeitado, por temer que o gosto da honra lhe dê apetite para aspirar mais alto e atentar contra o estado. Ou então o natural do tirano é tal que ele não pode ver a luz da virtude, como lemos que o imperador Calígula era ciumento e invejoso da honra que se prestava ao próprio Deus, e o imperador Domiciano, embora fosse o tirano mais frouxo e covarde que já existiu, não podia suportar que se prestasse honra àqueles que mais mereciam, e por isso mandava matá-los[106]. Às vezes também os Príncipes, ao invés de recompensar os homens ilustres, mandam matá-los, bani-los ou condená-los à prisão perpétua para a segurança de seu estado. Assim fez Alexandre, o Grande, com Parmênion, seu condestável; Justiniano com Belisário; Eduardo IV com o conde de Warwick; e infinitos outros que por recompensa de suas proezas foram mortos, ou envenenados, ou maltratados pelos Príncipes. Por essa causa Tácito escreve[107] que os alemães atribuíam aos seus Príncipes toda a honra das belas façanhas que faziam para livrar-se da inveja que se segue de perto a virtude.

O prêmio e a honra da vitória dos soldados vão para o capitão

Tampouco se vê que os monarcas, e menos ainda os tiranos, outorgam os triunfos e entradas honrosas aos seus súditos, por maior que tenha sido a vitória que obtiveram sobre os inimigos. Ao contrário, o sábio capitão, à guisa de triunfo ao retornar de sua vitória, abaixa a cabeça diante do seu Príncipe

---

106 Tácito, Vida de Agrícola.
107 Nos Moribus Germanorum.

e diz: "Senhor, sua vitória é minha glória", ainda que o Príncipe não tenha nem assistido a ela. Pois aquele que comanda merece o prêmio de honra das façanhas feitas, mesmo no estado popular, como foi julgado entre o cônsul Lutácio e seu lugar-tenente Valério no diferendo que eles tinham quanto ao triunfo que Valério pretendia que lhe pertencia, pois o cônsul estava ausente no dia da batalha. Assim, pode-se dizer que o Príncipe é sempre aquele a quem é devida a honra da vitória, ainda que se ausente no dia da batalha, como fazia Carlos V rei da França, que confiava suas armas a um dos seus gentis-homens e retirava-se da peleja, temendo cair nas mãos dos inimigos. Por esse motivo ele foi chamado o Sábio, haja vista o quanto a captura de seu pai havia custado à França. Também se pode dizer no estado popular que as vitórias dos capitães pertencem ao povo, sob cujas insígnias se combateu, mas a recompensa do triunfo é concedida ao capitão, o que não se faz na monarquia.

Razão pela qual os estados populares têm mais homens ilustres que as monarquias

É o principal e talvez o único motivo pelo qual sempre houve maior número de homens virtuosos nos estados populares bem ordenados que na monarquia, já que a honra, que é o único prêmio da virtude, é suprimida ou então muito diminuída para aqueles que a merecem na monarquia, e outorgada no estado popular legítimo e bem regulado, inclusive para feitos de armas. Pois como o homem de coração elevado e generoso estima mais a honra que todos os bens do mundo, não há dúvida que ele sacrificará de bom grado sua vida e seus bens para a glória que espera obter com isso. E quanto maiores forem as honras, mais haverá homens que as merecem. É por isso que a República de Roma teve mais grandes capitães, sábios senadores, eloquentes oradores e doutos jurisconsultos que as outras Repúblicas, bárbaras, gregas ou latinas. Pois aquele que havia derrotado uma legião de inimigos podia escolher pedir o triunfo ou pelo menos um estado honrável, e não deixava de receber um ou outro. Quanto ao triunfo, que era o ponto mais alto da honra ao qual podia aspirar o cidadão romano, não havia povo sob o céu onde ele fosse mais magnificamente solenizado que em Roma, pois aquele que triunfava fazia uma entrada mais honrada que um rei faria no seu reino, arrastando os inimigos acorrentados detrás de seu carro, no qual estava alçado e revestido de púrpura tecida com ouro, acompanhado do exército vitorioso, ornado com os despojos, ao som de trombetas e clarins, arrebatando o coração dos homens, em parte de alegria e ânimo incríveis, em parte de espanto e admiração, em parte de inveja e apetite de conseguir as mesmas honras. E sobretudo, diz Políbio[108], o que mais inflamava a juventude a querer os prêmios da honra eram as estátuas triunfais talhadas ao vivo dos parentes e antepassados daquele que triunfava para acompanhá-lo ao Capitólio, e depois dos sacrifícios solenes ele era reconduzido pelos maiores senhores e capitães até sua casa. Até mesmo aqueles que haviam morrido eram louvados publicamente diante do povo, segundo o mérito de sua vida passada, e não apenas os homens, mas também as mulheres, como lemos em Tito Lívio[109].

Bem sei que há pregadores que julgam ruins esses prêmios de honras, mas sustento que não há nada mais necessário para a juventude, como dizia Teofrasto, que é inflamada por uma ambição honesta. E quando ela se vê louvada, então as virtudes crescem e se firmam. Por isso Tomás de Aquino é da opinião que se deve fartar um jovem Príncipe de verdadeira glória para lhe dar o gosto das virtudes. Portanto, não devemos nos espantar se nunca houve povo que tenha produzido personagens tão grandes e em tão grande número, pois as honras que se outorgavam nas outras Repúblicas não se aproximavam em nada àquelas concedidas em Roma. Era um grande prêmio de honra em Atenas e nos Jogos Olímpicos ser coroado com uma coroa de ouro em pleno teatro diante de todo o povo e louvado por um orador, ou então ganhar uma estátua de cobre diante da câmara municipal e o primeiro ou os primeiros lugares nas sessões de honra, para si e para os seus, o que Demócares pediu ao povo para Demóstenes, depois de ter feito o relato de suas qualidades. Nisso não havia menos proveito que honra, mas os romanos, para dar a entender que a honra não deve ser estimada pelo proveito, não tinham coroa mais magnífica que a de grama e mato verde, que consideravam mais preciosa que todas as coroas de ouro dos outros povos. Por isso ela nunca foi concedida, a não ser a Q. Fábio Máximo, apelidado Cunctator, com o título de PATRIAE SERVATORI. Nisso a sabedoria dos antigos romanos é muito louvável por ter pelo mesmo meio eliminado a recompensa questuária e a avareza, e gravado o amor pela virtude nos

---

[108] De Republica Romanorum liv. 6.
[109] Lívio liv. 6.

corações dos súditos com o buril da honra. Enquanto os outros Príncipes enfrentam muitas dificuldades para encontrar dinheiro, esgotar as finanças, vender seu domínio, espezinhar os súditos, confiscar de uns, despojar os outros para recompensar seus escravos (embora a virtude não possa ser estimada a preço de dinheiro), os romanos outorgavam apenas as honras. E a menor coisa que os capitães obtinham era o proveito. Houve até um soldado romano que recusou uma corrente de ouro de Labieno, tenente de César, por ter arriscado sua vida corajosamente contra o inimigo, dizendo que não queria a recompensa dos avaros, mas dos virtuosos, que é a honra que sempre se deve pôr diante dos olhos de todos.

Porém, não se deve fazer com que a virtude siga a honra, mas que passe na frente dela, como foi ordenado pelo decreto dos antigos pontífices quando o cônsul Marco Marcelo fundou um templo à honra e à virtude: para que os votos e sacrifícios de uma não fossem confundidos com os da outra, foi aconselhado fazer uma parede divisória para separar o templo em dois, de modo que se passasse pelo templo da virtude para entrar no templo da honra. Por isso só havia os antigos romanos, a bem dizer, que entendiam os méritos da virtude e o verdadeiro ponto de honra. Pois embora o senador Agripa não tivesse deixado com o que realizar seu funeral, nem o cônsul Fabrício nem o ditador Cincinato com o que alimentar suas famílias, um foi forçado a aceitar a ditadura e o outro recusou a metade dos reinos de Pirro para manter sua reputação e sua honra. Nunca, diz Tito Lívio, a República foi mais bem guarnecida de grandes personagens do que nessa época, nem os estados e as honras foram mais bem distribuídos do que foram então.

Mas quando essa preciosa recompensa de virtude é comunicada aos viciosos e indignos, ela se torna desprezível e menosprezada por todos e transforma-se em chacota e desonra. Foi o que aconteceu com os anéis de ouro que a nobreza de Roma jogou fora ao ver Flávio, liberto de Ápio, homem popular, provido do estado de grande vigário ou edil curul, que era costume conceder apenas aos nobres, embora ele o tivesse merecido com relação ao povo. E o que mais se deve temer é que as pessoas de bem cedam totalmente lugar aos maus para não ter contato nem comunicação com eles, como fez Catão, o Jovem, que, sorteado junto com vários outros juízes para julgar Gabínio e vendo que eles tendiam para a absolvição por terem sido corrompidos por presentes, retirou-se da bancada diante de todo o povo e rompeu as tabuletas que lhe haviam sido confiadas. Assim fizeram nesse reino as mulheres pudicas, que jogaram fora os cintos de ouro, proibidos para aquelas que haviam manchado sua honra, as quais não obstante usavam o cinto de ouro. Disse-se então que REPUTAÇÃO ILIBADA VALE MAIS QUE CINTURA DOURADA, pois as pessoas de virtude sempre suportaram com impaciência serem igualadas às más na recompensa da honra.

A ordem natural da honra e da virtude

Não se viu que o único meio que encontrou Carlos VII para fazer com que mil pessoas indignas deixassem a ordem que haviam arrancado por preço ou por preces foi a ordenança que ele fez segundo a qual os arqueiros da vigia de Paris portariam a estrela, como ainda fazem, que era a marca da ordem de São Ouen? Então todos os cavaleiros da desordem abandonaram a estrela, como em caso semelhante o povo de Atenas cassou a lei do ostracismo, segundo a qual as melhores pessoas eram banidas do país por dez anos, quando Hipérbolo, um dos piores homens de Atenas, foi condenado[110]. Portanto, é coisa muito perigosa e perniciosa em toda República outorgar as honras e recompensas sem distinção ou vendê-las a preço de dinheiro, embora aqueles que pensam adquirir honra pagando seus estados enganam-se tanto quanto aqueles que pensam voar com as asas de ouro de Eurípides, fazendo com a matéria mais pesada aquilo que deve ser o mais leve.

O prêmio da honra transforma-se em contumélia quando é outorgado aos indignos

Pois então o tesouro mais precioso, que é a honra, transforma-se em desonra. E depois que a honra se perde uma vez, então transbordam impunemente todos os vícios e maldades, o que nunca acontecerá se a distribuição das recompensas e das penas for regulada por justiça harmônica, como diremos no final desta obra.

---

110 Plutarco, Nícias.

Proporção harmônica na distribuição das recompensas

Se o triunfo é concedido ao cônsul, é apropriado que os capitães e tenentes obtenham os estados e ofícios; os membros da cavalaria, as coroas e cavalos; e os soldados terão parte das armaduras, armas e despojos. Quanto aos ofícios, é preciso também levar em conta a qualidade das pessoas: aos nobres, os consulados e governos; aos plebeus, os tribunatos e outros ofícios menores condizentes com sua qualidade e seus méritos. No entanto, se a virtude for tão grande e ilustre num plebeu, num soldado, que ele supera todos os outros, é apropriado que ele tenha parte dos maiores estados, como foi decidido pela Lei Canuleia para apaziguar as sedições entre os plebeus e a nobreza romana. Mas quem quisesse fazer subitamente de um plebeu que nunca viu armas um cônsul, um cavaleiro da ordem, um condestável, sem dúvida apagaria a dignidade das recompensas e poria o estado todo em combustão. Antigamente, para fazer um simples cavaleiro não havia menos dificuldade que há hoje para fazer um coronel: era preciso merecê-lo e preparar-se com grande solenidade. Até mesmo os príncipes do sangue e os filhos dos reis só eram sagrados cavaleiros com cerimônia muito grande, como se pode ver quando São Luís sagrou cavaleiro seu filho mais velho Felipe III, que depois também sagrou cavaleiro Felipe, o Belo, em 1284 e este fez o mesmo com seus três filhos na presença de todos os príncipes. Além disso, o rei Francisco I, depois da jornada de Marignan, fez sagrar-se cavaleiro pelo capitão Bayard, tomando a espada dele.

Porém, depois que os acomodados e poltrões obtiveram também esse prêmio de honra, os verdadeiros cavaleiros não o estimaram mais, de modo que Carlos VI, no cerco de Bourges, nomeou mais de quinhentos porta-estandartes e vários outros cavaleiros que não tinham poder algum para erguer estandarte, mas ergueram-no, como disse Monstrelet. Aconteceu o mesmo com o cinturão militar que os imperadores davam por honra, como o colar da ordem, e retiravam por contumélia, como fez o imperador Juliano com Jouinian e outros capitães cristãos. E a honra do patriciado, que os imperadores do Oriente consideravam o mais alto ponto de honra e de favor, só era outorgado de início aos maiores Príncipes e senhores, como lemos que o imperador Anastásio enviou a ordem de patriciado ao rei Clóvis na cidade de Tours.

A ordem da França, da Inglaterra e da Borgonha

Mas depois que foi comunicada a pessoas de baixa condição e indignas de tal honra, ninguém mais teve estima por ela. Isso faz com que os Príncipes sejam reduzidos a essa necessidade de criar novas honras, novos prêmios, novas recompensas, como Eduardo III na Inglaterra criou a ordem de São Jorge, e quase ao mesmo tempo, a saber em 6 de janeiro de 1351 o rei João instituiu a ordem da estrela no castelo de São Ouen. Muito tempo depois Felipe II duque da Borgonha instituiu a ordem do Tosão de Ouro, e quarenta anos depois Luís XI rei da França criou a ordem de São Miguel, assim como depois os duques da Saboia instituíram a Ordem das Anunciadas e outros Príncipes fizeram o mesmo para honrar com o título de cavalaria aqueles que mereciam e que não se podia recompensar com outros benefícios. Mas o primeiro artigo da instituição do Tosão, que foi feito em 10 de janeiro de 1429, reza que não haveria cavaleiro da ordem que não fosse gentil-homem de nome e de armas, e sem mácula. O segundo artigo não permite que se ostente outra ordem de qualquer Príncipe que seja, a não ser com o assentimento e consentimento do chefe da ordem. O sétimo artigo não permite que as dissensões pessoais dos cavaleiros entre eles sejam decididas por outros juízes senão os da ordem, a qual é estabelecida como corpo e colégio com chanceler, tesoureiro, rei d'armas, tabelião, selo particular da ordem e jurisdição soberana sem apelação nem requerimento civil.

Artigos notáveis tirados das ordenanças de Luís XI sobre a ordem da França

Luís XI, a exemplo de Felipe duque da Borgonha, que o havia alimentado na época de sua fuga, ao instituir a ordem de São Miguel como corpo e colégio no primeiro dia do mês de agosto de 1469, empregou os artigos que mencionei e todos os outros artigos contidos na ordenança do Tosão. Ademais, no trigésimo sétimo artigo está dito que, no dia em que o capítulo da ordem se reunir, será feito exame dos cavaleiros um após o outro, que se retirarão durante a censura e depois serão chamados de volta para ouvir as observações, censuras e condenações da boca do chanceler da ordem. E no trigésimo oitavo está dito que também se fará exame e censura do soberano e chefe da ordem, que é o rei, como dos outros, para sofrer a pena e correção segundo o parecer dos irmãos da ordem, caso necessário e se ele tiver cometido o que quer que seja contra a honra, o estado e o dever de cavalaria e contra os estatutos da ordem. E no 43º artigo está dito que se o lugar de um dos cavaleiros vier a ficar vago, o capítulo procederá à eleição de outro e a voz do soberano será contada apenas por duas, e serão obrigados, tanto o soberano quanto os outros cavaleiros da ordem, a prestar juramento solene na entrada do capítulo de eleger o mais digno que conhecem, sem levar em consideração ódio, amizade, favor, linhagem ou outro motivo que pode demover o juízo do homem de conselho leal, genuíno e não suspeito; tal juramento será feito entre as mãos do soberano, desde o primeiro até o último. E no último artigo há uma cláusula expressa de que nem o rei, nem seus sucessores, nem o capítulo da ordem poderão derrogar os artigos de ordenança.

Eis sumariamente a instituição da ordem e colégio de honra mais belo e mais real que já houve em qualquer República do mundo para atrair ou até forçar os corações dos homens à virtude. Talvez se pudesse dizer que o primeiro artigo com o número 31 na ordem do Tosão, 36 na ordem da França e 40 na ordem de São Jorge instituída em Windsor bloqueia o caminho da virtude porque é expressamente proibido no último artigo das ordenanças de Luís XI aumentar o número, mesmo que o Príncipe soberano e todo o capítulo sejam dessa opinião. Mas considero que é um dos principais artigos que se devia observar para evitar os inconvenientes que se havia visto no número desenfreado da ordem de São Ouen.

Número desenfreado de cavaleiros da ordem arruinou a ordem

Pois o número é bastante grande para acolher aqueles que merecem tal honra. E quanto menos haverá, mais ela será desejada por todos, como num jogo com prêmios, que é tanto mais avidamente cobiçado porque todos o querem e poucos o obtêm. Afinal, nesse número não estão incluídos os outros Príncipes soberanos, aos quais se faz presente da ordem apenas por honra, pois eles não poderiam ser obrigados pelas ordenanças e conservar os direitos e marcas da soberania. Assim o número era pequeno, de modo que havia somente quatorze cavaleiros quando a ordem foi instituída, que estão nomeados na ordenança, e na época do rei Francisco I o número nunca foi completado. Portanto, é certo que não há nada que rebaixa mais a grandeza da recompensa que comunicá-la a muitas pessoas. Por essa causa muitos, ao ver o pouco de valor que se dava à ordem, obtiveram que suas senhorias fossem erigidas a título de condados, marquesados, ducados. E em pouco tempo o número cresceu de tal modo que a pluralidade provocou o desprezo e o édito de Carlos IX pelo qual se ordenou[111] que dali em diante os ducados, marquesados e condados seriam unidos à coroa se os duques, marqueses e condes morressem sem herdeiros varões descendentes de seus corpos, mesmo que as ditas senhorias não pertencessem antigamente ao domínio. É um édito muito necessário para refrear a ambição insaciável daqueles que mereceram esses títulos honráveis e dos quais o Príncipe deve ter ciúmes. Geralmente em todos os dons, recompensas e títulos de honra é conveniente, para dar mais graça ao benefício, que não haja outro a não ser aquele que detém a soberania que o outorgue àquele que o mereceu, que se sente muito mais honrado e orgulhoso quando seu Príncipe em pessoa lhe deu sua recompensa, o viu, ouviu e afagou.

Vendedores de fumaças são perniciosos para o estado

O Príncipe também deve ter ciúmes sobretudo que a graça de seu benefício permaneça consigo e expulsar de sua corte os vendedores de fumaças ou castigá-los, como fez Alexandre Severo que mandou atar um deles ao pelourinho, como diz Espartiano, e matou-o com fumaça, ordenando que o arauto clamasse: "Assim perecem os vendedores de fumaças". Ele era criado do imperador, e assim que sabia o nome daquele que o imperador queria gratificar com uma honra ou um estado, ele corria na frente para lhe prometer seu favor, que ele vendia bem caro, e como uma sanguessuga da corte aspirava o sangue dos súditos para a desonra do seu Príncipe. Este não deve ter nada em maior estima que a graça de seus dons e liberalidades. De outro modo, se tolerar que seus criados lhe roubem os favores dos

---
[111] Em 29 de agosto de 1566.

súditos, ele corre o perigo de que enfim eles se transformem de criados em senhores. Foi o que fez Absalon, que, ao se mostrar gracioso e cortês com todos os súditos, abusando dos cargos honoríficos, ofícios e benefícios, dando-os com o favor do rei seu pai a quem bem lhe parecia, roubou-lhe, diz a Escritura, o coração dos súditos e expulsou-o do trono real. Lemos também que Oto[112], que havia recebido 2.500 escudos para uma dispensa que o imperador Galba concedeu a seu pedido, distribuiu-os aos capitães da guarda, o que foi o principal fundamento para invadir o estado depois de ter mandado matar Galba. Esse dom assemelha-se à águia que o imperador Juliano colocou no seu brasão, a qual arranca suas penas, com as quais se preparam flechas para atirar nela. Em ocasião semelhante os últimos reis descendentes de Meroveu e de Carlos Magno foram expulsos de seu estado pelos prefeitos do palácio, que concediam todos os ofícios e benefícios a quem bem lhes parecia sem que os reis interferissem na concessão. É por isso que Loup, abade de Ferrières, escreveu a Carlos III rei da França que ele tomasse cuidado sobretudo para que seus bajuladores e cortesãos não lhe tomassem a graça dos seus benefícios.

Dir-me-ão que é impossível que um Príncipe rejeite seus irmãos, sua mãe, seus filhos, seus amigos. É muito difícil escapar deles. Mas eu vi um rei que, ao se ver importunado por seu irmão em nome de outrem, disse-lhe na presença do solicitante: "Meu irmão, neste momento não farei nada em teu favor, mas pelo amor deste que aqui está", a quem ele concedeu graciosamente aquilo que seu irmão pedia. Mas se o Príncipe quiser se entregar totalmente ao prazer dos seus, poderemos dizer que ele não passa de um número que dá toda a força aos outros e não reserva nada para si. Logo, é preciso que ele conheça as pessoas de bem e de virtude. No entanto, os requerimentos feitos a ele para obter alguma coisa passam pelas mãos de alguns grandes personagens e dos seus mais leais servidores, que barram os solicitantes se a coisa que pedem é injusta, ou pelo menos comunicam-na ao Príncipe à parte para que ele se prepare para responder e não seja surpreendido. Por esse meio os importunos serão repelidos pelas pessoas de bem e não terão motivo para ficarem descontentes com o Príncipe, que eles pensarão que não soube de nada, ou que então terá dado ao importuno uma razão pertinente. Nisso

---

112 Suetônio, Oto.

louvou-se altamente o imperador Tito[113], porque ele nunca deixava alguém descontente, quer outorgasse quer recusasse o que lhe pediam, e por essa causa foi chamado de delícia do gênero humano. Acrescente-se que o importuno solicitante, ao saber que seu pedido será visto, lido e examinado por um chanceler ou mestre de requerimentos sábio e entendido, não será tão ousado a ponto de perseguir coisa injusta.

A razão pela qual as pessoas de honra e de virtude são privadas das justas recompensas que merecem

Nunca faltam em torno dos reis bajuladores e solicitantes impudentes, que não têm outro objetivo a não ser aspirar o sangue, roer os ossos, sugar o tutano dos Príncipes e dos súditos. E aqueles que tiveram mais mérito na República são geralmente os mais afastados, não somente porque a honra lhes proíbe bajular e mendigar as recompensas da virtude que deveriam lhes ser oferecidas, mas também por causa da dificuldade dos custos e despesas que é preciso fazer na solicitação, muitas vezes sem esperança alguma. E se acontecer que seu plácito seja rejeitado, eles não esperarão a segunda recusa, não mais do que fez Calicrátidas, capitão lacedemônio, dos mais virtuosos de sua época, do qual zombaram os cortesãos do jovem Ciro porque ele não teve paciência de fazer a corte por muito tempo. Ao contrário, Lisandro, bajulador e cortesão como jamais houve igual, obteve tudo que pediu[114]. Nesse caso, o homem pacífico e envergonhado fica espantado e os impudentes prevalecem por conhecer o costume dos Príncipes, que sempre amam aqueles a quem mais bem fizeram, e a maioria deles odeia aqueles a quem são mais obrigados. A bem da verdade, a natureza do benefício é tal que ela não obriga menos aquele que dá que aquele que recebe. Ao contrário, a ação de graças e reconhecimento é desagradável para os ingratos e a vingança muito doce para eles. Tácito dá a razão disso quando diz: *Proniores ad vindictam sumus, quam ad gratiam: quia gratia oneri, ultio in quaestu habetur.*

---

[113] Suetônio, Tito.
[114] Plutarco, Lisandro.

Razão pela qual somos mais dispostos a nos vingar que a agradecer

Embora vários Príncipes só paguem e deem nada além de palavras, não obstante eles consideram uma sombra de promessa que lhes foi feita como uma forte obrigação. Há ainda outro ponto quer impede ou retira o salário das pessoas de bem: é que, se um Príncipe sábio faz um dom, se concede um plácito, um ofício, um privilégio, um benefício a quem quer que seja antes que este último possa gozar dele, isso lhe custará a metade do benefício. Ademais, muitas vezes as promessas são vendidas muito caro e não se obtém nada, o que é uma doença incurável, a não ser com penas rigorosas. É muito necessário cuidar disso, já que a pena e a recompensa são os dois laços mais fortes que podem manter a República em seu estado. O mais belo meio de remediar isso seria que o Príncipe mandasse trazer e entregar o dom, e se fosse possível que ele mesmo o entregasse quando a pessoa é ilustre. Pois o dom que vem desse modo da mão do Príncipe tem cem vezes mais eficácia e poder do que dado por outrem a contragosto ou suprimido na maioria das vezes. O mesmo julgamento vale para o elogio que o Príncipe dá com sua boca àquele que merece; ele tem mais efeito que todas as riquezas que se poderia dar, e a crítica é uma pontada que fere profundamente os corações dos homens generosos para forçá-los a bem agir.

A peste mais perigosa das Repúblicas é o tráfico dos ofícios e benefícios

Mas é impossível ver ocorrer a distribuição das penas e recompensas enquanto os Príncipes colocarem à venda os estados, ofícios e benefícios, que é a peste mais perigosa e perniciosa para as Repúblicas. Todos os povos cuidaram disso com boas leis, e inclusive neste reino as ordenanças de São Luís atribuem infâmia àqueles que interpuserem o favor de alguns para obter ofícios de magistratura. Elas foram bem executadas até o rei Francisco I, e são observadas na Inglaterra com todo rigor, como eu soube por meio do embaixador inglês Randon. O mesmo é ordenado estritamente pelo édito de Fernando, bisavô materno de Felipe, feito no ano de 1492, no qual a forma de eleger os ofícios de magistratura é definida assim: *et que no se puedan vender, ny trocar, officios de Alcaldia, ny algua ziladgo, ny regimiento, ni veyntes quatria, ny fiel executoria, ny juraderia*. Não é preciso deitar por escrito os inconvenientes e desgraças que advêm para as Repúblicas do tráfico dos estados, pois seria coisa infinita e demasiado conhecida de todos. Todavia, é mais difícil persuadir no estado popular que tal mercadoria é boa do que no estado aristocrático, no qual os mais ricos detêm a soberania, pois é o meio que eles têm para excluir dos estados o povo miúdo que quer ter participação nos ofícios no estado popular sem pagar finança. Não obstante, é difícil observar corretamente as proibições quando o povo miúdo tira proveito para eleger os homens ambiciosos.

Quanto ao monarca, a pobreza às vezes o impele a cassar as boas leis para financiar seus negócios. E desde que se fez pela primeira vez essa abertura, é quase impossível remediá-la. A Lei Petília[115] proibia ir às feiras e assembleias para mendigar o favor e os votos dos cidadãos e a Lei Papíria[116] não tolerava que se portasse a toga branca. A Lei Calpúrnia[117] declarava incapazes para sempre de solicitar ofícios todos aqueles que fossem condenados por ambição[118], exceto aquele que tivesse acusado e condenado outra pessoa por isso; e aquele que havia feito condenar seu concorrente como ambicioso levava seu estado[119]. Depois as penas foram aumentadas pela Lei Túlia[120], publicada a pedido de Cícero, pois ele fez ordenar que o senador condenado por ambição fosse banido por dez anos. Todavia, os mais ricos não deixavam de infringir a lei e enviar seus asseclas à assembleia dos estados com grandes somas de dinheiro para corromper o povo. Desse modo, César, por temer ter no consulado homem que lhe fizesse oposição, ofereceu a seu amigo Luceio tanto dinheiro quanto era necessário para comprar os votos do povo. Quando o senado foi avisado, ele entregou uma grande soma de dinheiro a seu concorrente Marco Bíbulo para comprar a voz do povo, como diz Suetônio. Isso foi feito no declínio do estado popular, que foi derrubado nessa ocasião.

Pois é certo que aqueles que põem à venda os estados, ofícios e benefícios vendem também a coisa mais sagrada do mundo, que é a justiça. Eles vendem

---

[115] Promulgada no ano da fundação de Roma 395. Lívio liv. 7.
[116] Promulgada no ano da fundação de Roma 322. Lívio liv. 4.
[117] Promulgada no ano da fundação de Roma 686. Díon liv. 26.
[118] Cícero, Pro Cluentio.
[119] Cícero, Pro Publio Sulla.
[120] Díon liv. 37; Cícero, Pro Muraena.

a República, vendem o sangue dos súditos, vendem as leis. E privando as recompensas de honra, virtude, saber, piedade e religião, abrem as portas aos furtos, às concussões, à avareza, à injustiça, à ignorância, à impiedade e, para resumir, a todos os vícios e detritos. E o Príncipe não deve se desculpar alegando pobreza, pois não há no mundo desculpa verdadeira nem verossímil para buscar a ruína de um estado a pretexto de pobreza.

Os inconvenientes que provêm da compra dos ofícios

De fato, é coisa ridícula para um Príncipe alegar pobreza, visto que eles têm inúmeros meios de evitá-la se quiser fazê-lo. Lemos que nunca o Império Romano foi tão pobre nem tão endividado do que sob o imperador Heliogábalo, monstro da natureza. Contudo, Alexandre Severo, seu sucessor, um dos mais sábios e virtuosos Príncipes que já houve, nunca tolerou a venda dos ofícios, e disse em alto e bom som em pleno senado: *Non patiar mercatores potestatum*. Não obstante, esse bom imperador abaixou os encargos e impostos, de modo que aquele que pagava trinta e um escudos sob Heliogábalo só pagava um escudo sob Alexandre. Ele também tinha decidido tomar somente um terço se vivesse, mas reinou apenas quatorze anos, depois de ter quitado as dívidas de seu predecessor e resistido aos esforços dos partos e dos povos do Setentrião, deixando o Império florescente em armas e em leis. É verdade que sua casa era sabiamente regulada, as prodigalidades excessivas suprimidas, os dons escassamente distribuídos, os bandidos seguidos tão de perto que nunca escapava um sem que ele tomasse conhecimento, pois ele tinha extremo horror deles. Ele era severo, mas isso não somente tornava sua majestade maior, mas também fazia com que os bajuladores e ratos da corte não ousassem aproximar-se dele.

Mostramos acima que a brandura de um Príncipe e simplicidade ingênua é perniciosa para um estado. Depois que o grande rei Francisco tornou-se com a idade austero e pouco acessível, os bajuladores e sanguessugas da corte sumiram, e pouco a pouco ele administrou tão bem que depois de sua morte ele estava quites e havia um milhão e setecentos mil escudos no tesouro, além do quarto de março, que estava prestes a entrar. E seu reino estava repleto de homens doutos, de grandes capitães, de bons arquitetos e de toda espécie de artesãos, e as fronteiras de seu estado chegavam até as portas de Milão, e a paz estava assegurada com todos os Príncipes, embora ele tivesse tido mais negócios e mais inimigos que qualquer outro rei de sua época e pago seu resgate. Ele embelezou este reino com belos e grandes edifícios, cidades e fortalezas. Porém, a facilidade e bondade demasiado grande de seu sucessor fez, talvez, com que doze anos depois o rei Carlos IX encontrasse o estado endividado em quarenta e três milhões, quatrocentas e oitenta e três mil e novecentas e trinta e nove libras, como eu soube pelo estado das finanças, e os países do Piemonte e da Saboia, tudo o que havia sido adquirido em trinta anos, havia sido perdido e o resto estava empenhado. Não digo o quanto a França decaiu do esplendor e dignidade que teve, o quanto os grandes personagens foram afastados de seu grau, os homens virtuosos rebaixados, os doutos desprezados. E todas essas desgraças aconteceram por ter dado com prodigalidade os estados, ofícios, benefícios e finanças aos indignos e tolerado a impunidade dos maus.

Portanto, se o Príncipe quer deixar a pena aos magistrados e oficiais, como dissemos que é conveniente, e distribuir as recompensas a quem de direito, dando os benefícios pouco a pouco para que a graça seja mais duradoura e as penas de repente para que a dor seja menos grave para aquele que sofre e o temor gravado mais fundo no coração dos outros, ao agir assim ele não somente encherá sua República de pessoas virtuosas e expulsará os maus, que é o cúmulo da felicidade das Repúblicas, mas também logo quitará suas dívidas, se estiver endividado, e se estiver quites ele conservará o tesouro de sua poupança. E para que o Príncipe não seja surpreendido ao dar, é conveniente pôr em execução uma belíssima e antiga ordenança de Felipe de Valois, verificada na Corte do Parlamento e na câmara de contas, pela qual foi decidido que todos os dons do rei serão nulos se não contiverem os dons precedentes outorgados aos donatários e aos seus predecessores. A verificação data de 11 de maio de 1333. Mas dois anos depois a ordenança foi revogada por causa daqueles que haviam sentido o quanto isso os prejudicava, e foi dito que bastaria que a derrogatória fosse aposta a ela, como eu soube pelos antigos registros da Corte. Há ainda outra ordenança de Carlos VIII que reza que todo dom acima de cem libras será verificado. Mas desde então fez-se tantas fraudes que houve até nesse reino homem ousado o bastante para vangloriar-se na mais bela assembleia que então havia de que ele tinha adquirido, além dos estados que detinha, cinquenta mil libras de boa renda, e todavia que não se encontraria em todos os registros da câmara um só dom feito a ele, embora fosse absolutamente notório que ele só tinha posses por favor do rei. Por conseguinte, não devemos nos espantar com as grandes dívidas, já que as finanças esgotaram-se tão excessivamente e de maneira tão estranha que aquele que mais recebeu faz crer que não obteve nada.

Desse modo, dar tanto a uma pessoa, ainda que ela mereça, não somente esgota as finanças da República mas também incita os descontentes a sedições e rebeliões. E um dos meios de conservar um estado na sua grandeza é distribuir os dons e recompensas a muitos para contentar todos, de modo que uns façam contrapeso aos outros. Além disso, o Príncipe prudente deve dar parcimoniosamente aos importunos e oferecer àqueles que não pedem nada, à condição que mereçam, pois há aqueles que nunca podem pedir nada, nem mesmo receber quando algo lhes é oferecido. Assim dizia Antígono rei da Ásia que ele tinha dois amigos, um que não podia ser saciado e outro que não aceitava nada. E para com tais pessoas Dionísio, o velho senhor de Siracusa, portava-se sabiamente,

Dons feitos com segurança

Pois a nós, diz Aristipo, que pedimos muito, ele dá pouco, e a Platão, que não aceita nada, ele dá demais. Era dar com segurança e conservar a graça e o dinheiro. No entanto, os Príncipes têm vários meios de agir bem e gratificar de outra forma que não seja com dinheiro, que é menos estimado entre as pessoas de honra que um bom olhar, um bom rosto, uma aliança, um casamento, um reconhecimento gracioso. E às vezes o benefício é tal que traz tanto ou mais proveito àquele que o outorga que àquele que o recebe.

Artimanha gentil do imperador Carlos V

Carlos V imperador, de retorno à Espanha, para reconhecer o que devia ao duque da Calábria (que havia recusado a coroa e o reino da Espanha oferecidos a ele pelos estados, embora fosse prisioneiro), tirou-o da prisão e casou-o com a mais rica princesa que então havia, viúva do rei Fernando, o que trouxe grande contentamento para o povo, para o duque grandes bens, honra e liberdade, e para o imperador a amizade do duque, o amor do povo e a segurança de seu estado, sem desembolsar nada. Ademais, ele impediu por esse meio que a viúva desposasse um Príncipe estrangeiro e entregou ao duque uma mulher idosa e estéril a fim de que a linhagem do duque, que pretendia que o reino de Nápoles lhe pertencia, acabasse nele. É portanto um dos principais pontos que o Príncipe deve ter diante dos olhos, que seus dons e liberalidades sejam feitos com coração generoso. Pois há alguns com tamanha má vontade que nunca dão nada sem crítica, o que retira completamente a graça do benefício, sobretudo se o benefício tem função de prêmio e recompensa.

Dar uma coisa a muitos é pernicioso para o estado

Outros fazem muito pior ao dar sempre um estado, um ofício, um confisco a muitos sem avisar nem uns nem outros, o que não é um benefício mas uma injúria, pois é jogar o pomo de ouro entre os súditos para arruiná-los. Também vemos os donatários frequentemente arruinarem-se em processos ou matarem-se uns aos outros. Em vez de mantê-los em amizade mútua e conquistar seu amor e obediência, o Príncipe perde tudo de uma vez. É um erro grave em matéria de estado e não obstante costumeiro entre muitos Príncipes, e fundado sobre um falso princípio que se ensina aos jovens Príncipes, o de que se deve ser liberal com todos e não recusar nada a ninguém para conquistar os corações de cada um. No entanto, o resultado é totalmente contrário ao que eles se propunham ao dar a mesma coisa a muitos. Não recusar nada a ninguém não é ser liberal, nem sábio, mas pelo contrário, pródigo e indiscreto. O Príncipe deve ser não somente liberal, mas também magnífico, contanto que de magnífico ele não se torne pródigo, pois de pródigo ele logo se tornará taxador, e de taxador, tirano. E depois de ter dado tudo o que tem, ele dará o que não tem.

Leis da liberalidade

As leis da liberalidade ordenam que se preste muita atenção a quem se dá, quanto se dá, em que momento, em que lugar, para qual fim, e o poder daquele que dá. Mas o Príncipe soberano deve além disso cuidar para que a recompensa seja anterior ao dom e para recompensar primeiramente aqueles que mereceram antes de dar àqueles que nada mereceram, e sobretudo medir sua generosidade de acordo com seu poder. Os romanos, para aliviar a pobreza de Horácio, o Caolho (que havia repelido sozinho o exército dos inimigos e salvado a cidade do saque), deram-lhe um jornal de terra[121]. Era muito, pois todo o território deles só tinha então duas léguas de extensão. Mas Alexandre, o Grande, dava reinos, impérios e talentos aos milhares, coisa que era condizente com sua grandeza e majestade.

Origem dos reis de Portugal

Alfonso V rei de Castela deu o reino de Portugal a Henrique de Bolonha da casa de Lorena, do qual descendem os reis de Portugal há quinhentos e cinquenta anos. Foi por recompensa de sua virtude e casando sua filha bastarda com ele. Mas ele foi criticado por ter dado um estado tão belo, visto que o seu era então pouco maior. Também se pode dizer que era louvável o costume dos antigos romanos de alimentar às custas do público os três gêmeos de uma ninhada como recompensa e memória da feliz vitória dos três Horácios gêmeos. Mas a lei de Sólon que queria que os filhos daqueles que haviam morrido na guerra fossem alimentados às custas do público não foi observada por muito tempo – ainda que fosse praticada antigamente em toda a Grécia, como lemos em Aristóteles[122] – porque tal lei esgotava as finanças. Se dissermos que a grandeza e liberalidade de um Príncipe não seriam conhecidas se ele só desse aos que merecem, é coisa condizente com um grande Príncipe a magnificência. E não devemos achar ruim se um Príncipe encontrar um singular prazer em elevar um pequeno companheiro e fazer dele um grande senhor, contanto que ele tenha nele algo de mérito. De outra forma, o Príncipe que alça um homem totalmente indigno acima das pessoas de bem ou que o coloca no nível dos maiores personagens faz o bem a uma pessoa, mas faz injúria a todas as outras. Assim foi observado pelo consistório dos cardeais ao papa Júlio del Monte, quando ele deu o chapéu de cardeal a um jovem que ele amava, que era grande desonra receber aquele que não tinha em si nem virtude, nem saber, nem nobreza, nem bens, nem marca alguma de mérito, como eles diziam, para alcançar tal nível.

---

[121] Plínio, De viris illustribus; Lívio liv. 2.
[122] Política liv. 2 cap. 5.

Resposta faceciosa do papa Júlio III

Mas o papa, que era facecioso, dirigindo-se aos outros cardeais disse: "Que virtude, que nobreza, que saber, que honra vistes em mim para fazer-me papa?". Ora, é certo que o Príncipe vicioso, covarde e indigno da pessoa que sustenta só quer outros de mesmo humor que o seu, como o imperador Heliogábalo mostrou quando deu os maiores estados e enriqueceu os mais detestáveis vilões que havia em todo o Império. Foi esse o principal motivo para que seus súditos e sua própria guarda, irritados, se rebelassem contra ele e sua mãe e os matassem do modo mais cruel que puderam imaginar. Mas sem ir tão longe, vimos diante dos nossos olhos a prova pela qual todos puderam reconhecer que a leniência que se teve com a distribuição das justas recompensas dos súditos e pessoas de bem aos viciosos, estranhos e indignos pôs o mais belo reino da Europa em combustão. Aconteceu que no ano de 1572 os dons chegaram a dois milhões e setecentas mil libras, e no ano seguinte a dois milhões e quarenta e quatro mil libras, e em 1574 foram dadas quinhentas e quarenta e sete mil libras, e nos seis meses seguintes novecentas e cinquenta e cinco mil libras, sem contar as pensões, que não foram menos de duzentas mil libras. A maioria dessas finanças vieram da venda dos ofícios a quem mais oferecia, que é o cúmulo de todas as desgraças, quando na verdade, segundo as ordenanças da França, Inglaterra e Espanha, os compradores deveriam ser declarados infames, ordenanças que é preciso restabelecer.

Costume louvável de Alexandre Severo

Também se deve renovar o costume louvável praticado sob o imperador Severo, que mandava publicar em cartazes o nome daquele que ele queria prover com algum governo, permitindo a qualquer um de acusá-lo, todavia sob pena da vida do caluniador. Ele disse[123] que era uma grande vergonha ser menos cuidadoso com a vida de um governador do que eram os cristãos com a qualidade dos seus ministros e inspetores, pois eles usavam esses cartazes e os examinavam com todo rigor antes de aceitá-los. Isso é muito mais conveniente que o costume de sindicar usado pelos venezianos, genoveses, luqueses e florentinos depois que o oficial deixou seu cargo, pois o mau magistrado e

---

123 Lamprido, Alexandre.

concussionário, ao dar um pedaço de pão para os cachorros que latem para calar a boca deles, salvará seus furtos e sua vida pelo mesmo meio. Seria muito mais conveniente prevenir a doença que esperar que ela chegue para depois afugentá-la. Contudo, mais vale tarde do que nunca, para que pelo menos o temor do sindicato mantenha os oficiais no seu dever. Mas era ainda melhor a ordenança de Sólon segundo a qual a vida dos oficiais era examinada antes e depois do ofício, como lemos nos discursos de Demóstenes[124].

Verdadeira distribuição dos estados e ofícios

Portanto, tendo feito o exame da vida e dos costumes daqueles que aspiram aos estados, ofícios, benefícios, cavalarias, isenções, imunidades, dons e recompensas, se sua vida for maculada e má, não somente devem ser rejeitados, mas também punidos, e as recompensas devem ser distribuídas às pessoas de bem segundo o mérito de cada um e a bolsa deve ser concedida em proporção harmônica aos mais leais, as armas aos mais valentes, a justiça aos mais retos, a censura aos mais íntegros, o trabalho aos mais fortes, o leme aos mais sábios, a prelatura aos mais devotos, levando-se em conta, não obstante, a nobreza, a riqueza, a idade, o poder de cada um e a qualidade dos cargos e ofícios, pois seria coisa ridícula procurar um juiz guerreiro, um prelado corajoso, um soldado consciencioso.

Falamos das recompensas, triunfos e honras que são dados na maioria às pessoas de guerra; digamos agora se é bom armar e aguerrir os súditos.

---

[124] Demóstenes, De falsa legatione e contra Timarchum.

Capítulo V

Se é bom armar e aguerrir os súditos, fortificar as cidades e incentivar a guerra

Esta questão é das mais altas que se possa formular em matéria de estado, e talvez das mais difíceis de resolver por causa dos inconvenientes que podem resultar de um lado e de outro, que citarei tão sumariamente quanto possível, o que me parece ser melhor, deixando a resolução aos mais sábios políticos. Pois simplesmente seguir a opinião de Aristóteles e sustentar que a cidade deve ser bem guarnecida e fortificada, e em localização cômoda para fazer sair o exército, e de acesso difícil aos inimigos, não é decidir as dificuldades que podem surgir, a saber se isso deve acontecer tanto na monarquia quanto no estado popular, e tanto na tirania quanto no estado real, haja vista que mostramos acima que as Repúblicas contrárias entre si ou muito diferentes devem se regular por máximas contrárias e diferentes. Acrescente-se que, para bem aguerrir os súditos, não há nada mais contrário que fortificar as cidades, visto que a fortificação delas torna os habitantes frouxos e covardes. Prova disso é Cleômenes rei da Lacedemônia, que, ao ver as altas fortalezas de uma cidade, disse: "Ó belo refúgio para mulheres!".

Razões para mostrar que não se deve fortificar as cidades

Por essa causa, Licurgo legislador nunca quis aceitar que se fortificasse a cidade de Esparta, por temer que os súditos, assegurando-se da força das muralhas, perdessem a sua, e sabendo também que não há mais bela fortaleza que aquela feita de homens, que combaterão sempre pelos bens, pela vida, pela honra, por suas mulheres e filhos, pela sua pátria, enquanto não tiverem esperança alguma de recurso à fuga nem de refúgio seguro para se esconder. Essas duas coisas são portanto contrárias, aguerrir os súditos e fortificar suas praças, pois os homens valentes e hábeis nas armas não encontram utilidade em castelos, e aqueles que estão cercados de praças-fortes não querem saber de guerra. Além disso vemos que os tártaros na Cítia e os etíopes e árabes na África são considerados os mais belicosos, e todavia não têm outras fortalezas que pavilhões e alguns povoados sem muralhas nem fossos. Até mesmo o grande Negus ou Preste-João, que é o maior senhor de toda a África e ao qual cinquenta reis, como se diz, prestam fé e homenagem, de muralhas e castelos tem apenas seu pavilhão[125], exceto a fortaleza situada no cume do monte Anga, na qual todos os príncipes do sangue são criados sob boa guarnição para que não dividam os súditos uns dos outros em facções. No entanto, ouve-se que não há Príncipe mais reverenciado sob o céu, nem súditos mais bem tratados nem mais temidos pelos inimigos do que na Etiópia e na Tartária.

De fato, as fortalezas não servem para muita coisa na opinião dos maiores capitães, que afirmam que é senhor das praças aquele que é senhor do campo. Sabe-se, depois da jornada de Arbela na Caldeia, na qual o último Dário rei da Pérsia foi derrotado, que não houve cidade nem fortaleza em todo o império dos persas que resistiu um só dia contra Alexandre, o Grande, embora houvesse um número infinito delas e o vencedor só tivesse trinta mil homens. Depois que o capitão Paulo Emílio ganhou a batalha contra Perseu rei da Macedônia, não houve uma só cidade que ofereceu resistência,

---

[125] Francisco Álvares na História da Etiópia.

e num instante aquele reino grande e poderoso se rendeu. Depois da jornada de Farsala, na qual Pompeu foi vencido, todas as cidades e praças-fortes do Oriente, que antes estavam fechadas para César, foram-lhe abertas sem dificuldade. E sem ir tão longe, sabe-se que, depois da vitória do rei Luís XII sobre os venezianos, ele se tornou imediatamente senhor das cidades, como aconteceu em caso semelhante após a jornada de Marignan, quando todo o país milanês, cidades e fortalezas se renderam ao rei francês, e assim que ele foi capturado em Pavia perdeu tudo que tinha além dos montes. Mas há uma razão mais necessária que pode impedir de fortificar as cidades, a saber, o temor que o inimigo, ao entrar mais forte no país, tenha a oportunidade de dominá-lo por meio das praças-fortes, sem as quais ele se contentaria em saquear e ir adiante.

A mais bela fortaleza é o amor dos súditos

Foi essa a razão pela qual Giovanni Maria della Rovere, duque de Urbino, arrasou as praças-fortes do seu país e retirou-se para Veneza, assegurando-se que o conde Valentino, que ia para lá com o exército eclesiástico, não poderia mantê-lo porque era odiado de morte e o duque amado e adorado pelos seus, como de fato, após a morte de Alexandre, ele foi muito bem recebido e todos os outros feudatários da Igreja foram capturados ou mortos nas suas fortalezas. Pelo mesmo motivo os genoveses, após a jornada de Pavia, revoltaram-se contra o rei da França, sitiaram e tomaram o Farol e depois arrasaram-no. O mesmo fizeram os milaneses com o castelo Jof antes que os Sforza fossem senhores dele, para que os Príncipes estrangeiros dali em diante não os sujeitassem por meio da fortaleza. Assim também fez o povo de Siracusa com a fortaleza de Acradine, e os romanos com as cidades de Corinto, Cartago e Numância, que eles nunca teriam arrasado se a fortaleza de Acrocorinto e as outras praças de natureza forte e fortificável não os tivessem levado a fazer isso para que os habitantes não pudessem fazer uso delas, como havia feito Felipe, o Jovem, que chamava as cidades de Corinto, Cálcida e Demétrias de entraves e jugos da Grécia, das quais Tito Flamínio fez sair a guarnição para libertá-las da servidão dos macedônios e eliminar o temor dos tiranos[126].

---

[126] Lívio liv. 34.

As cidadelas dão ensejo aos Príncipes de tiranizar e aos súditos de se revoltar

Essa é outra razão das mais fortes que se pode ter para eliminar a oportunidade para os Príncipes de tiranizar os súditos, como fazem aqueles que se apoderam das cidadelas, que os antigos chamavam de ninhos de tirania e os tiranos de castiga-pobres, por desprezo e contumélia dos pobres súditos. Assim fez Grislet, lugar-tenente do Imperador na Suíça, que construiu uma fortaleza no vale de Uri que ele chamou de *Zwing Uri*, ou seja, o jugo de Uri, que foi o primeiro pretexto da revolta dos cantões da Suíça, como lemos nas suas histórias, pois o governador usou a oportunidade para oprimir os súditos. Do mesmo modo, Salomão foi o primeiro a fazer uma cidadela em Jerusalém, e começou então a tratar mal os súditos, dando ensejo ao seu sucessor para continuar e às dez linhagens para se revoltar e constituir um rei à parte. Pois tais cidadelas sempre colocam o Príncipe e o súdito em desconfiança um do outro, que é a mãe fomentadora da inimizade, do temor e da rebelião.

Assim como os castelos e cidadelas dão ensejo aos maus Príncipes para oprimir os súditos, assim também as fortes muralhas das cidades dão frequentemente ensejo aos súditos para rebelarem-se contra seus Príncipes e senhores, como demonstrei acima. Eis porque os reis da Inglaterra não toleram que um súdito cerque sua casa ou faça um fosso, o que é ainda mais estritamente proibido em todo o país da Moscóvia para evitar as rebeliões dos súditos que são incitados a fazê-las confiando nas suas muralhas, como os habitantes de Telesse no reino de Túnis, que se asseguravam tanto em suas muralhas que costumavam matar seus governantes e não podiam tolerar comando algum. O rei de Túnis foi lá com um exército poderoso e perguntou-lhes: "Quem vai lá?". Eles responderam: "A muralha vermelha". Porém, tendo tomado a cidade, ele a arrasou e mandou passar no fio da espada todos os habitantes. Aníbal fez o mesmo em Sagunto, Sula em Atenas, o imperador Severo em Bizâncio, Dagoberto em Poitiers, Nabucodonosor e Vespasiano na cidade de Jerusalém, que também tinham se revoltado devido à confiança que tinham nas suas fortalezas, assim como um número infinito de outras, que, após terem comido até seus filhos, foram enfim arrasadas e os habitantes exterminados. Ora, eles teriam negociado se as praças-fortes não os tivessem enganado.

As cidades fracas sempre negociam para escapar a qualquer preço

Pois ordinariamente se vê que as cidades mal fortificadas e que não podem resistir ao cerco por muito tempo têm o hábito de transigir e afastar o inimigo com alguma soma em dinheiro, sem nenhuma infâmia ou crítica. Foi o que se viu (sem ir mais longe) na cidade de Paris, que não foi tomada desde que César a conquistou e que teria sido arrasada há muito tempo se fosse fortificada, visto que tantas vezes os inimigos a ameaçaram, mas ela se conservou por tratados e negociações. Ela não teria feito isso se fosse bem fortificada, seja por medo de críticas e da desonra que segue aqueles que pactuam com o inimigo quando podem resistir, seja pela obstinação dos habitantes ou dos chefes de partidos, que preferem morrer a ceder ao inimigo, ou que não têm esperança alguma de escapar e, ao ver sua casa em chamas, esforçam-se para apagá-las arruinando-a ou derramando o sangue dos cidadãos. Mesmo assim, não há cidade nem praça-forte que possa resistir longamente às máquinas e artilharias, e menos ainda à fome, pois se os sitiados estiverem em pequeno número logo ficarão cansados e extenuados, e se estiverem em grande número logo ficarão esfomeados.

Portanto, se as fortalezas dão ensejo ao mau Príncipe para tiranizar, aos inimigos para tomar o país, aos súditos para serem covardes diante do inimigo, rebeldes para com seu Príncipe e sediciosos entre si, não se pode dizer que elas sejam úteis ou necessárias, mas, pelo contrário, danosas e perniciosas para as Repúblicas. Quanto aos outros pontos, a saber se é preciso aguerrir os súditos e buscar a guerra em vez da paz, parece que não se deve colocá-los em dúvida. Pois devemos estimar bem-aventurada a República em que o rei é obediente à lei de Deus e da natureza, os magistrados ao rei, os particulares aos magistrados, os filhos aos pais, os servos aos senhores, e os súditos ligados por amizade entre si, e todos com seu Príncipe para gozar da doçura da paz e da verdadeira tranquilidade de espírito. Acontece que a guerra é totalmente contrária ao que eu disse, e os homens guerreiros são inimigos jurados dessa vida. Por isso é impossível ver uma República florescente em religião, justiça, caridade, integridade de vida, enfim em todas as ciências liberais e artes mecânicas, se os cidadãos não gozam de uma paz ampla e segura. Esta, todavia, é a ruína dos homens de guerra, que não são considerados, como tampouco o são suas habilidades, quando se está em boa paz. E quem é mais inimigo de um homem pacífico que o soldado furioso, do camponês bonachão que o guerreiro sanguinário, do filósofo que o capitão, dos sábios que os tolos? Pois o maior prazer que sentem os homens de guerra é saquear o campo, roubar os camponeses, queimar os vilarejos, sitiar, bater, forçar, saquear as cidades, massacrar os bons e os maus, jovens e velhos, de todas as idades e todos os sexos, violentar as meninas, lavar-se com o sangue dos feridos, macular as coisas sagradas, arrasar os templos, blasfemar o nome de Deus e jogar aos pés todo direito divino e humano. Eis os frutos da guerra, prazerosos e agradáveis para os homens guerreiros, abomináveis para as pessoas de bem e detestáveis diante de Deus. Não é necessário amplificar com palavras aquilo que vemos ser realizado e praticado em tantos lugares que a simples memória faz erguerem-se os cabelos nos mais resolutos.

Se assim é, devemos evitar aguerrir os súditos e encaminhá-los a uma vida tão execrável, e não buscar a guerra de modo algum, relegando a violência apenas à extrema necessidade. Pois aqueles que tomam os menores pretextos para fazer a guerra parecem as moscas que não conseguem pousar num espelho bem polido e só se agarram aos lugares rugosos, e aqueles que buscam a guerra para engrandecer-se com a ruína dos outros estarão em tormento perpétuo e levarão uma vida miserável, pois a cupidez não tem limites, embora em aparência prometam contentar-se quando tiverem conquistado um reino. Do mesmo modo, o escravo que só pede para ser desamarrado, ao ser desamarrado deseja a liberdade; liberto, pede o direito de burguesia; de burguês quer ser feito magistrado; quando está no mais alto grau da magistratura, quer ser rei; sendo rei, quer ser o único monarca; e enfim ele quer ser Deus. Portanto, como é mais feliz um pequeno Príncipe, uma pequena República (embora nada seja pequeno onde há contentamento) que gozam de um repouso assegurado e de uma paz sem inimigos, sem guerra, sem inveja. Até a fronteira de uma República bem ordenada é justiça, como diz Pompeu ao rei dos partos, e não a ponta da lança, como dizia o rei Agesilau.

Os inconvenientes de não ter fortaleza

Eis algumas razões de um lado. Mas também se pode dizer do outro lado, quanto ao primeiro ponto, que as cidades sem muralhas ficam expostas a todos como presa e a vida dos habitantes sempre à mercê de uns e de outros. Além do mais, parece que a cidade desprovida de muralhas só serve de atrativo a todos aqueles que querem invadi-la e que de outro modo não teriam vontade, e muito menos poder, se ela fosse bem guarnecida, tal como aqueles que vão pelos caminhos sem armas convidam os ladrões e bandidos a matá-los para tirar seus despojos, pois bem se sabe que o saque das cidades é a isca dos soldados e que será inimigo voluntário daqueles que são fracos aquele que não ousaria ver se estão armados. Acrescente-se que a primeira e quase única oportunidade de reunir os homens em sociedades e comunidades foi para a proteção e defesa de cada um em particular e de todos em geral, bem como das mulheres, crianças, bens e posses, que não podem ficar em segurança se as cidades não tiverem muralhas. Pois dizer que os homens serão muralha para os inimigos pode servir quando se trata de combater, mas aqueles que podem se defender nunca compõem a quarta parte dos habitantes, visto que as mulheres são sempre em número maior que os homens e as crianças, os velhos, os doentes e impotentes não podem ter recurso senão às muralhas. Por isso parece ser coisa ridícula dizer que os homens sem muralhas serão mais valentes, pois se isso ocorresse não seria preciso nem escudos nem armas defensivas para enfrentar o inimigo e seria também necessário proibir que se combatesse de outra forma que não completamente nu. É o que fez Isadas, um dos mais belos e mais valentes gentis-homens de Esparta, o qual, ao ver Epaminondas com o exército dos tebanos, que estavam em liça contra os espartanos, prestes a entrar na cidade da Lacedemônia, pôs-se inteiramente nu, tirando até sua camisa, tomou uma alabarda numa mão e uma espada na outra, e foi dar com os pés e a cabeça contra os inimigos. Ele fez várias façanhas sem morrer e por elas recebeu uma coroa da senhoria, mas foi condenado a uma multa por ter abandonado tão temerariamente sua vida aos inimigos sem armar-se de nenhum modo. Assim, os senhores de Esparta também deveriam ser condenados a uma boa multa por ter exposto seu povo e uma cidade tão grande à mercê dos inimigos sem muralhas. Se não houvesse os fossos e paredões, estariam perdidos quando os tebanos os sitiaram.

Portanto, se é útil ter fossos, também é útil ter muralhas, e se as muralhas tornam os habitantes poltrões, covardes, amotinados e rebeldes, também seria preciso aterrar os fossos da Lacedemônia. De fato, Cleômenes rei de Esparta, tendo perdido a batalha de Selásia e não tendo para onde bater em retirada, foi obrigado a fugir para o Egito e abandonar seu estado e seu país ao inimigo, que entrou logo em seguida na cidade da Lacedemônia sem resistência alguma. E se as muralhas tornam os homens covardes, Lisandro não teria mandado arrasar as de Atenas, que Temístocles e Péricles tinham mandado construir para a proteção e defesa dessa cidade, que depois foi a mais florescente do Oriente. Se os inimigos não tomarão posse do país se as cidades não forem muradas, o que os impedirá, contudo, de queimar as casas, pilhar, saquear as cidades, matar e massacrar os homens, violentar as mulheres, levar as crianças como escravas, segundo a lei das guerras antigas, ou seja, o direito dos mais fortes? Todas as histórias estão cheias de tais calamidades. Tampouco faz sentido pensar que as cidades fracas e sem muralhas nem fortalezas negociarão com o inimigo e não quererão resistir. Pelo contrário, o inimigo, ao ver que a entrada é fácil, nunca aceitará um acordo razoável, o que ele faria sabendo da dificuldade que seria sitiar e tomar uma cidade bem guarnecida.

Além disso, quem duvida que uma pequena fortaleza possa segurar amiúde um exército grande e poderoso? Temos muitos exemplos disso, e frequentemente aqueles que sitiam acabam sitiados por doenças, pestes, fomes, e para um que é morto do lado de dentro cem inimigos são mortos. A cidade de Constantinopla resistiu ao cerco dos turcos por oito anos, até que os sitiados foram socorridos pelos tártaros e Bajazet rei dos turcos foi derrotado com todo seu exército. Em caso semelhante, o rei de Fez resistiu ao cerco por sete anos dentro da cidade de Fauzara contra o rei do Marrocos, cujo exército morreu enfim de peste em 1412. A cidade de Mecna também resistiu ao cerco por sete anos; a maioria dos inimigos morreu e o restante foi obrigado a partir com a vergonha e perda dos seus. Em nossa época a cidade de Metz, embora não fosse tão fortificada como é hoje, mesmo assim resistiu longamente ao exército do imperador Carlos V e serviu de escudo a toda a França, que estaria em perigo se o imperador não tivesse encontrado a cidade bem guarnecida, da qual ele foi obrigado a partir por encontrar-se ele próprio junto com seu exército sitiado pela fome, pelo frio e por doenças diversas. Lemos também que nunca houve exército que tenha resistido um só dia ao esforço de Alexandre, o Grande, porém ele manteve o cerco por sete meses diante da cidade de Tiro, tempo durante o qual foi fácil para o rei da Pérsia guarnecer seu estado.

E se as muralhas tornassem os homens covardes e poltrões, por que teriam os romanos fortificado sua cidade? Ora, é certo que nunca houve povo mais valente, mas foi-lhes muito útil ter boas muralhas quando Márcio Coriolano, os Tarquínios, Aníbal e outros os sitiaram e queimaram até as portas. Mesmo depois que os gauleses tomaram e queimaram inteiramente sua cidade, se eles não tivessem recorrido ao Capitólio seu estado estaria perdido. O mesmo teria acontecido com o Papa e os cardeais depois que o exército de Carlos de Bourbon saqueou a cidade se eles não tivessem recorrido ao castelo Sant'Angelo, onde foram sitiados tão longamente quanto os antigos romanos no Capitólio. E todos sabem que os países sem fortalezas são logo conquistados se o inimigo ganha a batalha dentro do país.

O reino da Inglaterra conquistado três vezes em seis meses

É o que lemos sobre a Inglaterra, que os saxões conquistaram dos antigos bretões, que dali foram expulsos e os inimigos tomaram posse. Depois dos saxões, os dinamarqueses lá entraram e se tornaram senhores da maior parte, depois Guilherme o Conquistador por meio de uma única vitória tornou-se senhor absoluto e tomou posse da terra. Durante as querelas das casas de Lancaster e York, o reino foi perdido e conquistado três vezes em seis meses, como se Henrique VI, Eduardo IV e o conde de Warwick estivessem brincando de dança das cadeiras. Embora o reino enfim tenha ficado com Eduardo, logo após sua morte seu irmão Ricardo, duque de Gloucester, ao tornar-se rei, foi expulso pelo conde de Richmond, banido na França, com o pouco de ajuda que lhe deu o rei Luís XI. Isso não aconteceu nos países fortificados, onde há lugar para se retirar enquanto as forças se reagrupam. Foi essa a causa pela qual os romanos nunca acampavam sem fazer em torno do campo todo trincheiras de 25 pés de largura, no mais das vezes com paliçadas, e nunca livravam batalha sem que houvesse guarnição em seu campo para a retirada, se o inimigo fosse mais forte. Isso os poupou de grandes perdas, como o capitão Paulo Emílio discorreu sabiamente antes de livrar batalha ao rei da Macedônia[127]. Para resumir, a experiência de tantos séculos e de Repúblicas dos antigos persas, egípcios, gregos, latinos, gauleses e outros povos que

---

[127] Tito Lívio liv. 35.

sempre fortificaram e continuam a fortificar, guarnecer, aparelhar, abastecer as cidades, portos e praças fortificáveis para defender e assegurar os amigos, combater os inimigos e resistir a eles, nos faz ver que é necessário proceder assim. Até os tártaros de hoje constroem e fortificam suas praças já há cem anos. Pois por mais valente e forte que seja um povo, ele não poderá opor-se por muito tempo nem vencer aquele que é incomparavelmente mais poderoso.

Eis as razões que podem servir para mostrar que é necessário fortificar as cidades. Portanto, faremos o mesmo julgamento de que se deve aguerrir o povo. Já que a defesa da vida e a perseguição dos ladrões são de direito divino, natural e humano, é preciso concluir que também é necessário formar os súditos nas armas, não somente defensivas mas também ofensivas, para servir de escudo aos bons e repelir os maus. Chamo de ladrões e maus todos aqueles que fazem a guerra injustamente e que arrebatam sem razão os bens de outrem. Assim como se deve exercer vingança contra os súditos ladrões e bandidos, também se deve fazê-lo contra os estrangeiros, por mais que ostentem título real. Isso está fundado na lei de Deus e da natureza.

A guerra contra o inimigo é um meio para manter os súditos em amizade

Há outras considerações particulares além dessas, a saber que o meio mais belo de conservar um estado e preservá-lo de rebeliões, sedições e guerras civis, e manter os súditos em boa amizade, é ter um inimigo que se possa enfrentar. Pode-se ver isso no exemplo de todas as Repúblicas, até na dos romanos, que nunca encontraram antídoto melhor para as guerras civis, nem remédio mais certeiro, que expor os súditos ao inimigo. Mesmo num dia em que estavam aguerridos entre si, quando o inimigo lançou-se sobre a cidade e foi tomar o Capitólio eles subitamente se puseram de acordo para expulsá-lo[128]. Algum tempo depois, os romanos recaíram em guerra civil e os veientes, percebendo isso, lançaram-se sobre a Romanha. Mas os romanos puseram-se de acordo imediatamente e descarregaram sua raiva sobre eles, e não pararam até que houvessem arrasado sua cidade e escravizado os habitantes. Na mesma época os Príncipes e o povo da Toscana[129] conjuraram contra o estado dos

[128] Dionísio de Halicarnasso liv. 7; Lívio liv. 3.
[129] Lívio liv. 2.

romanos, esforçando-se para alimentar entre eles distúrbios e sedições, dizendo que seu poder era invencível e continuaria aumentando se não fosse enfraquecido e aniquilado por guerras civis, que são o único veneno que pode tornar mortais os impérios e Repúblicas que de outra forma seriam eternos. Em caso semelhante, os povos da Espanha se revoltaram contra o imperador Carlos V a ponto de obrigar o duque da Calábria a tomar a coroa, e quando estavam em armas uns contra os outros, o rei Francisco I enviou um exército que recuperou o reino da Navarra e Fuenterrabía. De repente os distúrbios entre os espanhóis se dissiparam e, de comum acordo, eles se lançaram contra os franceses e expulsaram-nos do país que tinham conquistado. Se tivessem demorado, o estado da Espanha estaria perdido, como muitos acreditaram.

O Porto da Graça tomado pelos ingleses foi a causa que apaziguou os distúrbios da França

Sem ir mais longe, temos um exemplo nesse reino, que teria estado em grande risco em 1562 se os ingleses não tivessem posto o pé na França tomando o Porto da Graça. Logo em seguida as guerras civis se apaziguaram e os súditos se puseram de acordo para lançar-se sobre o inimigo comum. Percebendo isso, os ingleses decidiram deixar os franceses brigarem entre si e esperar que estivessem totalmente arruinados para então invadir o reino sem dificuldade nem resistência alguma. Mas retorno aos exemplos dos antigos (e queira Deus que tenhamos carência de exemplos domésticos) para mostrar que é muito difícil e quase impossível manter os súditos em paz e amizade se não estiverem em guerra contra o inimigo. Pode-se ver isso em todas as histórias dos romanos, que depois de terem vencido seus inimigos logo começavam a se amotinar. Era por essa causa que o senado mantinha as guerras e forjava inimigos se não os houvesse, para preservar-se das guerras civis. Assim continuaram até estender suas fronteiras às Órcadas, ao mar Atlântico, ao Danúbio, ao Eufrates e aos desertos da África. E não tendo mais inimigo que lhes resistisse, guerrearam cruelmente entre si, e tanto mais cruelmente quanto menos inimigos tinham e quanto mais poderosos ficavam. Foi o caso da guerra civil entre César e Pompeu, da qual disse Cícero: *Bellum pium, ac necessarium: civibus tamen exitiabile, nisi Pompeius vicerit: calamitosum etiam si vicerit.* No entanto, ela foi ainda mais cruel entre Augusto e Marco Antônio.

Por essa causa o imperador Augusto, tendo transformado o estado popular em monarquia, não foi imprudente a ponto de cassar as quarenta legiões, mas enviou-as às províncias e às fronteiras com as nações bárbaras para manter a disciplina militar e adiar tanto quanto pudesse o advento da guerra civil.

A primeira oportunidade de arruinar o império dos romanos

Mas o imperador Constantino o Grande, seguindo o conselho de alguns bispos e ministros mal informados sobre os negócios de estado, cassou os legionários, o que fez com que se perdesse a antiga disciplina militar e as portas fossem abertas aos inimigos, que depois invadiram o Império Romano por todos os lados. Ele fez isso por não saber avaliar que as leis, a justiça, os súditos e todo o estado estão sob a proteção, depois de Deus, das armas, como sob um escudo poderoso.

Meio de purgar a República de vadios e vagabundos

Há ainda outro ponto considerável para mostrar que se deve manter a disciplina militar e fazer a guerra: é que sempre houve e nunca faltarão bandidos, assassinos, vadios, vagabundos, amotinados e ladrões em toda República, que abusam da simplicidade dos bons súditos, e não há lei nem magistrado que possa dar conta deles. Diz-se até num provérbio que as forcas só são erguidas para os vagabundos, pois os éditos e ordenanças em vários lugares parecem teias de aranha, como dizia Anarcasis a Sólon, pois apenas as moscas ficam presas nelas e os animais grandes escapam. Portanto, não há meio de limpar as Repúblicas dessa canalha senão enviá-los para a guerra, que é como um remédio purgativo e muito necessário para expulsar os humores corrompidos do corpo universal da República. Foi esse o principal motivo que levou Carlos, o Sábio, rei da França, a concordar facilmente e enviar socorro ao bastardo de Castela sob o comando do condestável Bertrand du Guesclin, que purgou a França de uma infinidade de ladrões. O mesmo fez Luís XI para com o conde de Richmond, e não somente ambos limparam a França de vadios, mas também obtiveram a honra de ter restabelecido dois reis em seus estados dos quais haviam sido expulsos.

O temor dos inimigos compele os súditos ao dever

Além das razões que apresentei, esta não tem pouca importância, a saber que não há meio mais seguro de compelir um povo ao dever de honra e de virtude que o temor de um inimigo guerreiro. Nunca, diz Políbio[130], se viu os romanos mais virtuosos, nem os súditos mais obedientes aos magistrados, nem os magistrados às leis, do que quando Pirro numa época e Aníbal em outra estavam às portas de Roma. Depois que Perseu e Antíoco foram vencidos e os romanos não tinham mais inimigo poderoso o bastante para mantê-los alertas, então os vícios começaram a criar raízes e o povo se deixou afundar em delícias e superfluidades que desgastaram completamente os bons costumes e obscureceram o esplendor da virtude antiga.

Previdência do jovem Cipião

Como foi considerado sábio aquele que resistiu abertamente em pleno senado e impediu enquanto pôde que a cidade de Cartago fosse arrasada, predizendo que a virtude dos romanos seria logo aniquilada! Pois assim como a licenciosidade desenfreada faz inchar e transbordar os homens em todos os vícios, assim também o temor os compele ao dever. E não se deve duvidar que o grande político e governante do mundo todo, assim como deu a cada coisa seu contrário, também permitiu as guerras e inimizades entre os povos para castigar uns pelos outros e conservá-los todos no temor, que é o único freio da virtude. Foi o que Samuel demonstrou no discurso que fez ao povo, que Deus lhes havia dado inimigos para mantê-los alertas e para tentá-los, sondá-los e castigá-los[131].

Eis algumas razões que podem servir para mostrar que muito se enganam aqueles que pensam que o único objetivo da guerra é a paz. Mesmo se assim fosse, existe meio maior de obter a paz apesar dos inimigos do que fazê-los saber que se tem meios de fazer a guerra? Jamais Príncipe sábio ou bom capitão fizeram a paz desarmados e, como dizia Mânlio Capitolino: *Ostendite modo bellum, pacem habebitis: videant vos paratos ad vim, jus ipsi remittent*. Tais razões são em parte verdadeiras, em parte verossímeis, e poderiam de um lado e do

---

[130] De militari ac domestica Romanorum disciplina liv. 6.
[131] Samuel cap. 12 e Juízes cap. 2, vers. 3.

outro ofuscar os olhos dos mais clarividentes se não forem examinadas de perto. Para resolver alguma coisa, é preciso distinguir as Repúblicas.

Resolução da questão

Logo, sustento que no estado popular é conveniente aguerrir os súditos para evitar os inconvenientes que enumerei, aos quais o estado popular está sujeito por sua natureza. E se os súditos forem naturalmente guerreiros ou amotinados, como são os povos do Setentrião, e se ainda forem aguerridos pela arte e disciplina militar, é conveniente fazer com que enfrentem amiúde os inimigos e só aceitem a paz com boas condições, por ser coisa perniciosa para um povo guerreiro. Não obstante, tendo sido concluída a paz, é preciso manter os homens de armas e colocá-los nas fronteiras, como fez o imperador Augusto, embora tivesse transformado o estado popular em monarquia. Ou então deve-se enviá-los aos Príncipes aliados para que pratiquem a arte militar, como fizeram muito sabiamente os senhores das ligas, por terem um povo criado nas montanhas, propenso à guerra e que seria difícil de manter em paz gozando da liberdade popular. Por esse meio eles sempre tiveram homens de guerra, alimentados e mantidos às custas de outrem, além das pensões públicas e particulares, que foram grandes, como mostrei acima, sem falar na segurança do seu estado por meio das alianças contraídas com um rei poderoso.

É preciso que a cidade capital do estado popular seja fortificada

Quanto às fortalezas, não é preciso que as cidades sejam demasiado fortificadas (exceto a cidade capital, onde está a sede do estado popular), e menos ainda que haja castelos e cidadelas, pois não se deve duvidar que a ambição leve alguém a tomar a fortaleza e transformar o estado popular em monarquia, como fez o tirano Dionísio após tomar a Acradine de Siracusa. Ou então que o inimigo tire proveito delas, como fizeram os lacedemônios, que, após arrasar as muralhas de Atenas, deixaram guarnição no castelo. E ao fazer o mesmo com o estado popular de Tebas, apoderaram-se da Cadmeia e ali deixaram guarnição. Pois não há meio de sujeitar um povo e transformar a democracia em monarquia a não ser por meio de cidadelas. Assim faziam todos os tiranos antigos, e em nossa época Cosmo de Médici, duque de Florença, tinha duas cidadelas em Florença com guarnição de estrangeiros, pois tinha percebido que era impossível transformar o estado popular em monarquia e garantir sua vida no meio daquele povo. É por isso que os cantões de Uri, Unterwalden, Glarus e Appenzell, que são totalmente populares, não têm muralhas como os outros, que são governados aristocraticamente. No que tange às fortalezas, no estado aristocrático faremos o mesmo julgamento que no estado popular, pois não é menos perigoso que no estado popular que um dos senhores se torne soberano e senhor de seus companheiros. Deve-se temer isso mais ainda porque é mais fácil para um dos senhores atrair o povo miúdo para si e usá-lo contra os grandes.

Mas quanto às monarquias reais e antigas, se elas têm grande extensão não é conveniente que o Príncipe construa cidadelas nem praças-fortes, exceto nas fronteiras, para que o povo não presuma que ele quer tiranizá-lo. No entanto, tendo cercado o estado de praças inexpugnáveis, os súditos sempre julgarão que são contra o inimigo, e o Príncipe poderá, se necessário, usá-las contra todos os inimigos, estrangeiros ou súditos, caso estes se rebelem. Isso nos é mostrado pela natureza, que armou a cabeça e as extremidades dos animais, deixando o meio, as entranhas e outras partes desarmadas. Mas é mal aconselhado para um monarca cercar uma cidade com poderosas muralhas se ele não quiser da mesma forma construir boas cidadelas, pois não há nada que dá mais ensejo aos súditos para se revoltar, o que eles não farão tão facilmente vendo diante dos seus olhos as cidadelas bem guarnecidas. Ademais, é necessário, na monarquia e na aristocracia, que o governador da cidade não dependa em nada do capitão, nem o capitão do governador, e também que o capitão não seja príncipe nem grande senhor, como é muito bem observado na Turquia, segundo a regra dos antigos sultões do Egito que assim faziam. Assim também fazem nossos reis, e melhor ainda os venezianos que quaisquer outros, porque são obrigados a fortificar suas cidades para defender seus súditos contra os inimigos. E por temer a rebelião dos súditos, que não têm participação nos estados, eles possuem fortes cidadelas nas cidades, para as quais enviam a cada ano novos capitães, além dos potentados, que não dependem em nada uns dos outros.

Desconfiança dos senhores no estado aristocrático

Os de Ragusa, que têm somente uma cidade e pouco território, são obrigados a mudar todos os dias de capitão, que é levado à fortaleza com os olhos vendados e a cabeça coberta. Os atenienses também trocavam todos os dias o capitão da fortaleza, que era um dos nove arcontes, por causa da desconfiança que tinham que um dos súditos se apoderasse dela. Para evitar isso, seria necessário retirar as cidadelas das cidades capitais no estado popular e no aristocrático, como os venezianos sabiamente fizeram em Veneza para retirar ao doge a oportunidade e eliminar a suspeita dos senhores de uma mudança de estado. Mas impedir os súditos guerreiros ou amotinados de fortificar suas casas nos campos, como se faz na Turquia, Inglaterra, Moscóvia e em todo o Oriente é muito mais seguro para os novos monarcas, pois se o senhor de um castelo particular é um grande senhor, ele às vezes aproveita uma oportunidade para se revoltar; se ele é pobre, de ladroar. Por essa causa, as cidades imperiais da Alemanha arrasaram amiúde as fortalezas dos gentis-homens para que os rebeldes e ladrões não tivessem refúgio algum, o que os suíços fizeram em todo o seu país após expulsar os antigos senhores. Todavia, seria coisa perigosa numa monarquia ou senhoria antiga querer mandar derrubar as fortalezas particulares já construídas e que podem resistir ao canhão, mas pode-se proibi-lo para o futuro, salvo com licença e permissão do soberano, que não o deve permitir facilmente, pois é suficiente que uma casa seja construída de modo a poder resistir aos ladrões e saqueadores.

Eis quanto às fortificações. Mas não é pequena a dúvida se na República aristocrática se deve aguerrir os senhores somente, ou se vale mais a pena aguerrir também o povo miúdo ou banir totalmente a arte militar. Se o povo miúdo for aguerrido e não estiver sempre em guerra contra o inimigo, não se deve duvidar que ele se esforçará para mudar e que mudará o estado para ter participação na senhoria, como mostrei acima com vários exemplos. E se apenas os senhores forem aguerridos, eles serão logo derrotados e provocarão uma mudança necessária no seu estado. E se quiserem expulsar de sua República a arte militar, estarão logo expostos como presa aos seus vizinhos, se não forem aliados estreitamente com os mais fortes. Ou então, se não tiverem cidades inacessíveis e fortalezas inexpugnáveis, como os venezianos, que, temendo os inconvenientes que mencionei, baniram de sua República a arte militar, como diz o cardeal Contarini. Contudo, isso se fez insensivelmente de aproximadamente duzentos anos para cá, pois outrora eram bastante belicosos, fizeram longamente a guerra e venceram os genoveses em batalha campal, no mar e em terra. Mas desde então, tendo gozado longamente de uma paz assegurada, pouco a pouco deixaram a arte militar e recorreram ao auxílio dos estrangeiros. Chegam a não poder tolerar um capitão nativo da senhoria, e se ficam sabendo que um dos gentis-homens venezianos aspira à guerra e segue a corte de outro Príncipe, eles o chamam de volta para casa. Preferem muito mais um alviano, um bergamasco, um estrangeiro como capitão, se é preciso guerrear em terra, que um dos senhores, e preferem usar um exército de estrangeiros a um de súditos, enviando no máximo um provedor por cujo conselho o capitão se governa. Embora haja muitos inconvenientes que um provedor comande um capitão, que um cidadão comande os estrangeiros, que um que não entende nada de guerra comande aqueles que foram educados nela e que possa vergá-los para todos os lados, mesmo assim por esse meio eles evitam outros perigos que não são menores e que ocorreram na sua República quando usavam apenas seus súditos e suas forças. Suas histórias estão repletas de conjurações, de sedições, de guerras civis que aconteceram no meio da sua cidade.

E se assim é, como muitos pensam, que só se deve fazer a guerra para obter a paz, e que para tornar uma República feliz basta proteger o que é seu, murar e fortificar suas praças contra o inimigo e gozar do fruto da paz, a República de Veneza poderia dizer-se bem-aventurada, pois está em localização inexpugnável por natureza e não se preocupa muito em conquistar nem alargar suas fronteiras. Por isso vemos que os venezianos fogem das oportunidades de guerrear como da peste, e só fazem guerra por necessidade extrema, perseguindo a paz a qualquer preço, com perda e diminuição de seu domínio, como se pode ver no tratado que fizeram com o papa Júlio II, o imperador Maximiliano e o rei de Nápoles em 1508, depois que seus embaixadores se jogaram aos pés deles, concedendo tudo que lhes foi pedido. Fizeram o mesmo com o sultão Selim em 1570, quando foram os primeiros a deixar a liga santa para comprar a paz, depois de ter perdido um belo reino.

O Príncipe generoso não pede nem a paz nem a guerra

Assim como os animais que não têm armas ofensivas, como as lebres, ou que não têm fel, como os cervos e pombas, disparam em fuga diante das aves de rapina e dos animais armados, assim também os homens não podem ser culpados, nem as Repúblicas menos estimadas, por não quererem a guerra e pedirem a paz porque não têm grandes meios de resistir, coisa que acarretaria desprezo para um povo guerreiro ou um Príncipe conquistador, que não podem pedir a paz ao seu inimigo sem enrubescer de vergonha. Por isso não houve nada que impediu mais a paz entre o rei Henrique II e o imperador Carlos V do que o rumor que se espalhou de que o imperador havia pedido a paz, o que seria obter o ponto mais alto de honra que um Príncipe generoso pode desejar, mesmo se tiver entrado em país alheio. Assim fez o mesmo imperador em 1544, após lançar as forças do Império e as suas nesse reino contra as do rei da Inglaterra do outro lado, que já teriam dividido entre si o reino, como diz Sleidan, se o Papa não tivesse obrigado o imperador a celebrar a paz, que o rei não quis pedir nem receber, a não ser em condições honestas. Por outro lado, Luís XI pediu-a ao rei da Inglaterra Eduardo IV assim que este entrou na Picardia e comprou-a bem caro, pouco se importando que o conde de Lude e outros de seus favoritos o chamassem de "o rei covarde". Seu pai Carlos VII fez coisa muito mais estranha, pois para obter a paz com Felipe duque da Borgonha, seu vassalo e até súdito natural, ele enviou para tratar a paz o condestável da França, o chanceler, um marechal da França e vários grandes senhores, os quais em plena assembleia e em nome do rei seu senhor pediram perdão ao duque pela morte de João duque da Borgonha, admitindo em alto e bom som que o rei havia agido mal por ser jovem, de pouco senso e mal aconselhado, e rogando ao duque que renunciasse à sua animosidade. Então o duque declarou que perdoava o rei pela honra de Deus e por compaixão com o povo da França, e para obedecer ao concílio, ao Papa e aos outros Príncipes cristãos que o haviam rogado. Um escravo não poderia prestar ao seu senhor ato de penitência mais honrável do que o rei prestou então ao seu súdito para restituir à República seu esplendor primeiro e expulsar os ingleses, como ele fez logo depois.

Os romanos teriam preferido perder o estado a pensar em fazer isso, pois nunca se viu, nos setecentos anos em que fizeram a guerra a todas as nações, que tenham pedido a paz, a não ser aos gauleses que os sitiaram no Capitólio depois de terem queimado sua cidade, e a Coriolano. Ao contrário, mesmo vencidos pelo poder do rei Perseu, não quiseram negociar a paz com o vencedor se este não submetesse a si próprio e o seu reino à mercê deles, embora ele oferecesse pagar-lhes tributo. E como o rei Pirro, depois de ter obtido algumas vitórias e sofrido alguma derrota, enviou seus embaixadores a Roma para tratar a paz, ao modo dos grandes senhores que estão em país alheio, responderam-lhe que ele saísse primeiro da Itália, de outra maneira não se falaria de paz. Era a resposta de um povo magnânimo, que sentia suas forças grandes o bastante para opor-se ao inimigo, coisa que não seria condizente com um Príncipe fraco, que deve, como o piloto sábio, recolher as velas e obedecer à tempestade para chegar ao porto de salvação, e não sujeitar a necessidade à ambição, como fez o voivoda da Transilvânia, que disse claramente que preferia ser escravo do Turco do que aliado de Fernando, o que também lhe aconteceu. Temos o exemplo do grande *knez* da Moscóvia, que, ao ver o *precop* da Tartária entrar no seu país com dezoito legiões, sabendo que não era páreo para ele, foi ao seu encontro desarmado e, humilhando-se diante dele, salvou seu povo e seu estado de uma ruína inevitável. É verdade que ele detinha seu país em fé e homenagem do *precop*, mas sendo hoje igual em forças ou maior que o *precop*, e tendo se libertado da servidão dos tártaros, ele seria desprezado por todos os Príncipes se tivesse pedido a paz. O mesmo vale quando se sofre injúria, pois o Príncipe que tolera uma injúria aceitará logo que lhe imponham a lei, e se aceitar que o inimigo lhe imponha a lei ele será logo reduzido à servidão.

Jamais Príncipe generoso procurou a paz ou a guerra

Embora o Príncipe seja poderoso, se for sábio e magnânimo ele nunca pedirá a guerra nem a paz se a necessidade, que não está sujeita às leis da honra, não o forçar a isso, e nunca livrará batalha se não houver mais proveito aparente na vitória do que perda se os inimigos forem vencedores. É o que dizia o imperador Augusto, que por esse motivo nunca livrou batalha a não ser por necessidade. Não deixa de ser condizente com um Príncipe pobre ou uma pequena senhoria, ou com aquele que não exerce o ofício de guerrear, pedir a paz com perda, como fez o papa Júlio III, que pediu a paz ao rei

Henrique II, chamando-o diante de Deus para ser julgado pelo mal que lhe causava. O rei concordou e respondeu que compareceria diante de Deus, mas que duvidava muito que o papa se encontrasse lá. As cartas foram assinadas pelo rei no campo de Metz em 1552. Com isso o papa, que era de natureza faceciosa, ficou bem satisfeito, ainda que fizesse de conta de estar zangado, dizendo que não era o rei que havia ditado as cartas, mas o inimigo capital da Igreja. E assim como a grandeza de coragem e magnanimidade é a luz das outras virtudes, que eleva os Príncipes ao supremo ponto de honra, é também a única virtude que mais abate o coração dos inimigos, ainda que sejam poderosos e aguerridos. Ela frequentemente concede a vitória sem combater, como Fúrio Camilo, após ter mandado de volta aos faliscos os seus filhos, que o mestre havia trazido para o seu campo, conquistou a cidade sem dar um só golpe; e Fabrício, que mandou de volta ao rei Pirro o médico que prometera envenená-lo, recusou a metade dos seus reinos, embora fosse dos mais pobres gentis-homens romanos, e mandou pagar o resgate dos prisioneiros que Pirro havia libertado gratuitamente por não querer que nenhum deles devesse algo a um tão grande rei; ou como Cipião, que conquistou sem esforço boa parte das Espanhas por ter mandado uma dama de rara beleza de volta ao seu marido, Príncipe da Celtibéria, a exemplo de Ciro. Esses atos tão virtuosos tolheram a coragem dos inimigos de fazer a guerra a um povo tão magnânimo, que não podia ser vencido pela honra nem vencer pela covardia. Viu-se isso ainda melhor após a jornada de Cannes, quando Aníbal estipulou resgate para oito mil prisioneiros a cem escudos por cabeça, com a esperança de que os romanos que haviam perdido tantos homens pagassem imediatamente o resgate. Porém, foi proibido por decreto do senado comprar de volta qualquer prisioneiro. Aníbal espantou-se tanto com isso, diz Políbio, que perdeu inteiramente a coragem, e os romanos, ao contrário, asseguraram seu estado, que estava muito abalado e quase abandonado por todos os amigos e aliados. Pois o senado percebeu muito bem que Aníbal, tendo aspirado o sangue dos romanos, queria também esgotar o dinheiro arrancando-lhes oitocentos mil escudos, e por esse meio abalar os mais covardes de todo o exército dos romanos. Contudo, dali em diante todos decidiram vencer ou morrer, tornando-se terríveis e invencíveis.

Resposta magnânima de Cipião

E assim como eles nunca perdiam ânimo nas suas derrotas, assim também não eram vencidos pela arrogância nas suas vitórias. Quando o rei Antíoco perdeu uma batalha contra eles e ofereceu aceitar todas as condições que os romanos quisessem, Cipião, o Africano, deu uma resposta digna de um Príncipe muito grande e virtuoso, a saber que os romanos quando vencidos não perdiam nada de sua coragem, nem de sua modéstia quando vencedores, e que não exigiam nada mais após a vitória do que eles haviam exigido anteriormente. Mas a vantagem que tinham os romanos por serem bem aguerridos era de ir ao país dos inimigos fazer a guerra tendo sempre na Itália reservas de homens de armas, caso perdessem a batalha. E se obtivessem a vitória eles ganhavam o país sobre o qual e às custas do qual faziam a guerra.

Não se deve sujeitar um reino ao acaso de uma vitória

Um Príncipe sábio nunca espera que o inimigo entre no seu país se pode vencê-lo ou impedi-lo antes que entre, ou pelo menos sem ter outro exército ou um refúgio seguro nas praças-fortes. De outro modo, é arriscar seu estado ao sabor de uma vitória, como disseram Antíoco, Perseu, Juba e Ptolomeu o último rei do Egito contra os romanos; Dário contra Alexandre; e os franceses com frequência contra os ingleses. Por esse motivo Luís, o Gordo, ao saber que o imperador Henrique vinha com grandes forças fazer a guerra na França, que havia recebido o papa Gelásio e tolerado que ele excomungasse o imperador, reuniu então um exército de duzentos mil homens, como Suger abade de Saint Denis na França deixou por escrito, e foi até o Reno nas terras do Império. Foi a única ocasião em que o imperador largou as armas e aceitou a paz tal como quis o rei da França. Do mesmo modo, Felipe, o Conquistador, ao ser avisado de que o imperador Oto II e o rei da Inglaterra vinham ao seu reino, fortificou as praças, marchou para fora das fronteiras e venceu-os em batalha campal. Pelo mesmo motivo o rei Francisco I levou seu exército para além dos montes para descarregar o reino e levantar o cerco dos inimigos sitiando Pavia, pois além do estrago que dois exércitos poderosos teriam feito na França, a captura do rei teria colocado o reino em perigo muito grande. Porém, como isso acabou acontecendo na Itália, os vencedores contentaram-se com a vitória enquanto os súditos reagruparam suas forças e armaram as fronteiras.

A presença do Príncipe tem grande importância para vencer o inimigo

Muitos são da opinião de que o Príncipe soberano não deve arriscar sua pessoa na batalha, mesmo se o inimigo estiver dentro das entranhas do seu reino. Isso é verdade se ele for covarde e frouxo por natureza, mas se tiver a reputação de Príncipe valente e generoso, ele redobra a coragem e a força do seu exército. Sua presença tem um efeito maravilhoso quando ele é visto por todos e cada um é visto por ele. E muitas vezes a vergonha reteve o exército fujão, vendo a presença do seu rei e o temor de que ele caísse em perigo, como ocorreu com César diante de Teruena e na Espanha contra os filhos de Pompeu, onde a batalha teria estado perdida para ele se não estivesse presente. De fato, sabe-se que as vitórias obtidas pelo rei Eduardo IV em nove batalhas que ele ganhou foram conquistadas porque ele combatia sempre a pé. Acrescente-se que vários Príncipes e grandes senhores que seguem alegremente a pessoa do rei não quereriam marchar sob as insígnias de outrem nem enfrentar o inimigo se o rei não estivesse presente. Por isso, Eumenes ordenou que o carregassem na liteira mesmo muito doente ao ver que o exército não queria combater se ele não estivesse presente, tanto o exército confiava nele[132]. Não que seja necessário que o Príncipe soberano ou o general do exército realize façanhas de soldado, colocando sua vida em perigo evidente, como fizeram Pelópidas, Marcelo, Gastão de Foix duque de Nemours e vários outros cuja morte acarretou a perda do estado. Não quero entrar na questão da arte militar que vários já trataram, mas apenas naquilo que diz respeito ao estado.

Portanto, digo que o Príncipe que guarneceu e fortificou bem suas fronteiras, se suspeitar que o inimigo quer entrar no seu país, deve prevenir e levar a guerra o mais longe que puder. E se o inimigo tiver entrado, não deve arriscar temerariamente seu estado nem sua pessoa no desfecho de uma batalha, sobretudo se estiver lidando com pessoas belicosas que costumam obter a vitória ao serem reduzidas ao desespero e sabendo que não poderão

---
[132] Plutarco, Eumenes.

escapar à morte em país alheio se forem vencidas, já que não têm fortaleza, nem refúgio, nem recurso algum. Não se deve procurar exemplo melhor que o do nosso rei João, que preferiu arriscar sua nobreza, sua pessoa e seu estado bem no meio de seu reino a receber o exército da Inglaterra em condição de paz, o qual não pedia mais que escapar com vida e não arriscava nada para obter a vitória.

É coisa perigosa combater pessoas desesperadas

Acontece que dez mil (uns dizem mais, outros menos) derrotaram o exército da França, que era de quarenta a cinquenta mil homens, e capturaram o rei. Gastão de Foix cometeu o mesmo erro após ganhar a batalha na jornada de Ravena: quando quis perseguir um esquadrão de espanhóis que fugiam, ele perdeu a vida e deixou nas mãos dos inimigos tudo o que havia sido conquistado na Itália.

A necessidade é um inimigo invencível

Quanto aos exemplos dos antigos, as histórias estão cheias deles. Mas não há nenhum mais ilustre que o do exército de César, que estava no cúmulo do desespero quando Pompeu livrou batalha em Farsália com duas vezes mais homens do que César e todas as cidades e o mar aliados a ele. Também lemos que o capitão dos volscos não disse nada mais a seu exército para lhe dar coragem do que estas palavras: *Armati armatis obstant, virtute pares, sed necessitate superiores estis*. E um capitão dos samnitas disse: *Justum est bellum quibus necessarium, et pia arma, quibus nulla nisi in armis relinquitur spes*. Foi por essa causa que Fábio Máximo, último do nome, preferiu tolerar que o chamassem de covarde e sofrer mil zombarias dos inimigos a enfrentá-los ao preço que havia pago os outros capitães, e por fim obteve a honra de ter salvo a pátria. Ao contrário, Aníbal, ao arriscar a batalha contra Cipião, que tinha ido sitiar Cartago para tirar o inimigo da Itália, perdeu o exército e o estado. E não se deve tomar como exemplo que os romanos livraram três batalhas contra Pirro e outras tantas contra Aníbal no meio da Itália, porque tinham reservas de pessoas de guerra, tanto do seu país quanto dos aliados, e não podiam falhar, visto que pelas ordenanças eles eram obrigados desde a idade de 17 anos a portar armas e só eram dispensados aos 55 anos de idade. Além disso, ninguém era autorizado a pedir um estado ou benefício se não tivesse praticado as armas por dez anos[133]. Uma vez dois mil cidadãos foram despojados do direito de burguesia por terem passado quatro anos sem ir à guerra, salvo aqueles que haviam sido dispensados por justa causa, como diz Tito Lívio.

Eles foram obrigados a isso primeiramente por serem assediados e atacados por todos os seus vizinhos, que tinham uma inveja extremada do seu crescimento. E depois, tendo sujeitado todos os povos da Itália ao seu domínio ou feito aliança com eles, e vendo que não podiam viver entre si sem guerras civis, eles julgaram que era mais conveniente para a salvação da República buscar ou inventar inimigos, outorgando os triunfos, estados honoríficos e grandes recompensas aos capitães valentes, o que fazia com que os estados e cargos militares não fossem separados dos ofícios de judicatura, a tal ponto que um mesmo cidadão era valente capitão, sábio senador, bom juiz e grande orador, como se dizia de Catão, o Censor, que ainda era bem entendido em agricultura, como mostrou nos seus livros. E não era malvisto deixar a cota de armas para pegar no arado, ou deixar o arado para ir advogar, depois julgar, e em seguida sacrificar, ou discursar diante do povo ou no senado. O próprio César era grande pontífice e o mais eloquente orador de sua época na opinião de Cícero, sem mencionar que era o primeiro capitão do mundo. Havia um grande número de homens versados na arte militar e política, alguns mais, outros menos, mas todos excelentes, não somente na Itália, mas também na Grécia, pois lemos em Júlio Pollux que desde a idade de 14 anos os atenienses eram obrigados a ir para a guerra até os 60 anos[134]. Por isso, Aristides, Péricles, Fócion, Leóstenes, Demétrio, o Falério, Alcibíades e Temístocles eram semelhantes a esses romanos que mencionei, já que tanto uns quanto os outros praticavam as armas, o que era apropriado para os povos guerreiros e conquistadores.

Porém, os mais sábios políticos separavam a arte militar das outras ocupações, e não era permitido na República de Creta portar as armas, a não ser para certas pessoas[135], não mais do que antigamente na França, onde os

---

[133] Plutarco, Graco.
[134] Plutarco, Fócion.
[135] Plutarco, Licurgo.

proprietários de cavalo tinham esse encargo e os druidas estavam isentos dele. No Egito apenas os *calasyres* eram pessoas de guerra, o que Licurgo achou muito bom[136]. Por esse mesmo motivo Platão dividiu o povo em três estados, a saber, em guardiões, guerreiros e lavradores, a exemplo dos egípcios que tinham três estados de ocupações separados. Pouco a pouco os atenienses separaram o fato das armas da polícia e da justiça[137], como também fizeram os romanos sob o imperador Augusto, que retirou aos senadores, procônsules e governadores das províncias o poder de portar armas[138]. Desse modo, por decurso de tempo os ofícios sem armas vieram a ser chamados de dignidades, como lemos em Cassiodoro nas cartas de provisão do governador de província. Por conseguinte, todos os povos, como em sequência, separaram as pessoas de guerra das pessoas de letras e de toga longa, por ser coisa muito difícil ser excelente numa arte e impossível ser excelente em todas, nem exercer dignamente várias ocupações. Acrescente-se que era quase impossível aguerrir todos os súditos de uma República e mantê-los em obediência das leis e dos magistrados.

    Essa foi, talvez, a principal causa pela qual o rei Francisco cassou as sete legiões que ele tinha estabelecido nesse reino com seis mil homens de infantaria por legião no ano de 1534. Dezoito anos depois, seu sucessor as restabeleceu, mas elas foram cassadas imediatamente, haja vista as querelas e rebeliões suscitadas em diversos lugares. No entanto, na opinião dos estrangeiros e daqueles que assimilaram bem as belas ordenanças feitas para esse fim, não houve talvez coisa melhor regulada para a manutenção da arte militar, que é mais necessária nesse reino do que em qualquer lugar do mundo por causa da vizinhança das nações poderosas e belicosas que o cercam e que tem por ofício saqueá-lo como um país de conquista. E se tivessem sido ordenadas quatro legiões, seria suficiente para esse reino, que cobre mais ou menos a vigésima parte do Império Romano, que nunca teve mais de 40 legiões com cinco mil homens por legião. E com os homens de armas das ordenanças que se teria assim distribuído nas guarnições, as quatro legiões de infantaria pagas em tempo de paz não teriam custado, pela ordenança de Francisco I rei da França, três milhões e quinhentas mil libras, que é metade a mais do que

---

[136] Plutarco, Licurgo.
[137] Plutarco, Fócion.
[138] Díon liv. 53.

custavam as legiões pelo estado do imperador Augusto, pois todo o pagamento dos militares na França em 1560 chegava somente a dois milhões e trezentas e cinquenta e três mil libras, incluindo as velhas tropas e as nomeadas pelas ordenanças. E Augusto mantinha quarenta legiões médias por doze milhões por ano, embora o custo de vida fosse mais alto do que é hoje, e mesmo assim os militares se mantinham com seu soldo ordinário sem pilhar nem saquear como se faz hoje.

Era o meio para ter sempre homens de guerra, para defender esse reino, para conquistar o que foi tirado dele e para ajudar os amigos. Em vez disso, é preciso quando necessário recorrer a homens inexperientes que são nomeados capitães antes de ter sido soldados, ou por necessidade forçada mendigar e comprar muito caro o socorro das nações estrangeiras. Não que eu seja da opinião que não se use o socorro de outrem, como muitos pensam que seria necessário. Pois embora um povo seja forte e poderoso o bastante para se defender e vencer seus inimigos, pode ter necessidade de usar o socorro dos seus aliados, contanto que sejam aliados em liga ofensiva e defensiva, como são os senhores das ligas entre si, ou pelo menos em liga defensiva, como eles o são com a casa de França. Pois por esse meio não somente fortificamo-nos mais, mas também subtraímos ao inimigo o socorro que ele poderia utilizar, e a todos a oportunidade de fazer a guerra contra um que não quer ser inimigo do outro.

É bom ter amigos e aliados poderosos em aliança igual

No entanto, eu gostaria que os aliados fossem vinculados por obrigação mútua e plenamente igual, devido às críticas, querelas e inconvenientes que ocorrem por causa da desigualdade. A obrigação é desigual se uns forem obrigados a pagar as dietas[139] de seus aliados quando somente uma insígnia for erguida, mas forem obrigados a pagar pensão o tempo todo, além do soldo em tempo de guerra e do socorro de infantaria e cavalaria quando necessário, sem pensão nem soldo. Assim são os tratados feitos entre a casa de França e os senhores das ligas, o que todavia foi acordado para retirar o socorro das ligas aos imperiais. Também é necessário em liga ofensiva e defensiva igual que as conquistas sejam comuns, como sempre se fez entre os senhores

---

139 [N.T.]: No sentido de "assembleia de representantes políticos".

das ligas quando fizeram a guerra em comum, e que o que for conquistado por cada um seja particular. Por não terem previsto isso nos tratados que fizeram com os romanos, os antigos italianos foram enganados e iludidos. Pois os romanos, depois dos tratados em liga ofensiva e defensiva feitos com os italianos, usavam tanto as pessoas destes últimos, pagas e remuneradas, que para uma legião de romanos havia sempre duas legiões dos aliados, e o general de todo o exército era romano. Não obstante, os aliados não recebiam nenhuma pensão nem soldo dos romanos, nem parte das conquistas feitas em comum, nem dos estados e ofícios, exceto algumas cidades dos latinos. Foi essa a causa da guerra social dos italianos contra os romanos, que foram reduzidos a tamanha necessidade que foram forçados a dar direito de burguesia romana, participação nos estados e sufrágios a todos os aliados italianos, salvo algumas cidades. Pela mesma causa os atenienses quase perderam seu estado por ter sujeitado seus aliados mediante tratados e conquistado muito território, embora nunca tenham livrado batalha sem a ajuda dos seus aliados, exceto uma vez, como diz Plutarco[140]. Foi por essa causa que a maioria dos aliados de Atenas voltou-se para o lado dos lacedemônios quando surgiu a oportunidade.

    Pode-se também duvidar se é bom ter vários aliados ou soldados mercenários de diversas línguas, devido à dificuldade que existe em falar com eles, admoestá-los e persuadi-los por meio de arengas, coisa que é necessária na guerra. Todavia, a experiência revelou que diversas nações de diversas línguas são fáceis de comandar e conduzir, como mostrou o capitão Aníbal, que tinha um exército composto de cartagineses, mouros, númidas, espanhóis, italianos, gauleses e gregos, e mesmo assim em quinze anos nunca houve sedição no seu campo e ele obteve grandes vitórias. Porém, se o exército se amotinar, não há meio de apaziguá-lo. É a opinião de Políbio, capitão experiente e governador de Cipião, o Africano.

    Eis quanto ao socorro dos aliados. Porém, não se deve apoiar seu estado sobre os aliados, mas é preciso que a República bem estabelecida seja fundada sobre suas forças, e não recorrer ao socorro dos aliados se não for a mais forte, já que é senhor do estado aquele que é senhor da força, e na menor oportunidade ele se tornará senhor se tiver vontade, que nunca falta ao coração ambicioso. E se os aliados devem ser temidos, por serem os mais fortes em

---

[140] No Fócion.

país alheio, qual confiança se pode ter nas pessoas de guerra estrangeiras, que não têm conosco liga ofensiva nem defensiva? Não se deve duvidar que, em caso de perigo, eles preferirão salvar sua vida a salvar a de outrem, e que se houver sucesso eles quererão atribuir-se a honra e o proveito da vitória, no mínimo esgotando as finanças e aguerrindo-se às custas daqueles que se servem deles.

Os estrangeiros mais fortes se tornam senhores daqueles que pedem sua ajuda

Com que frequência se viu que os estrangeiros, ao se verem mais fortes, tornaram-se senhores absolutos daqueles que os haviam chamado! Em nossa época temos o exemplo de Caïradain corsário, que foi chamado pelos habitantes de Argel para expulsar os espanhóis da fortaleza. Tendo-os vencido, ele matou Selin, Príncipe da cidade, e se fez rei, deixando o estado a seu irmão Ariadin Barba-Roxa. E Saladino capitão tártaro, chamado pelo califa e pelos habitantes do Cairo para expulsar os cristãos de Sória, depois da vitória matou o califa e tornou-se senhor absoluto. E para que os do país não tentassem nada contra ele, ele sempre usou os tártaros e outros escravos circassianos para os feitos de armas e para sua guarda, com proibição a todos os outros de portar arma alguma. Por esse meio ele prolongou esse poder, tanto dele quanto de seus sucessores, até que o sultão Selin tornou-se senhor. Pelo mesmo meio os hérulos, godos e lombardos se tornaram senhores da Itália, os franceses da Gália, os ingleses da Grã-Bretanha, os escoceses da Escócia, tendo expulsado os bretões e os pictos que haviam pedido sua ajuda, e os turcos do Império do Oriente e do reino da Hungria, tendo sido solicitados pelos imperadores de Constantinopla e pelos estados da Hungria. Tampouco se pode negar que Carlos V imperador teria transformado o estado da Alemanha em reino hereditário por intermédio dos espanhóis, italianos e flamengos, que os católicos alemães tinham chamado para socorrê-los dos protestantes, se o rei Henrique II não os tivesse liberado com as forças da França, que por esse motivo foi chamado pelos alemães, em livros publicados e arcadas erguidas na Alemanha, de Protetor do Império e Libertador dos Príncipes. Tendo previsto isso, os príncipes da Alemanha haviam obrigado o imperador Carlos V, pelo artigo XII das condições que ele jurou antes de receber a coroa imperial, que ele não faria entrar na Alemanha soldados estrangeiros. Depois os príncipes-eleitores decidiram nunca mais eleger um príncipe estrangeiro.

Todavia, se os estados do país não podem chegar num acordo quanto ao Príncipe soberano, vale muito mais a pena ter um Príncipe de um país distante que vizinho. Por esse motivo os etólios nomearam Antíoco, rei da Ásia, seu capitão-geral, os de Cartago e de Siracusa mandavam buscar capitães lacedemônios e os tarentinos o rei Pirro, e Leão da Armênia um dos filhos de André rei da Hungria, para lhe entregar sua filha e seu estado. De outro modo, é de se temer que o Príncipe vizinho, tendo sido eleito capitão anual, se torne perpétuo; ou, se for perpétuo, que se torne hereditário, retirando aos súditos o direito de eleição; ou, se o estado for dado a um que for rei e aos seus, que transforme o estado de outrem em herdade para descarregar seu país das talhas e dos impostos. Esse foi, talvez, um dos motivos que impediu que o filho mais velho do imperador fosse eleito rei da Polônia, pois não se deve esperar que ele tenha tanta afeição pelos estrangeiros quanto pelos seus e que abandone, se necessário, o estado de outrem para preservar o seu.

Conclusão

Como conclusão, parece-me que a República bem ordenada, de qualquer natureza que seja, deve ser fortificada nas avenidas e fronteiras e defendida por um bom número de pessoas hábeis e aguerridas que receberão certas heranças reservadas às pessoas de guerra e outorgadas unicamente de modo vitalício, como eram antigamente os feudos e feudatários e hoje em dia os *timars* e *timariots* na Turquia, para que façam a guerra sem soldo quatro ou pelo menos três meses por ano, segundo as antigas ordenanças; também deve zelar para que as heranças não sejam hereditárias, penhoradas ou alienadas, nem tampouco os benefícios. Até que se possa entregar os feudos em espécie, enquanto isso deve-se estabelecer algumas legiões de infantaria e cavalaria segundo o estado, contorno e grandeza de cada República, que serão entretidas e exercitadas desde a juventude nas guarnições e fronteiras em tempo de paz com a disciplina militar, tal como ela era entre os antigos romanos, que não sabiam o que era viver à vontade, e muito menos saquear, roubar, ladroar, bater e ferir, como se faz atualmente. Ao contrário, seu campo era a escola da honra, sobriedade, castidade, justiça e de toda a virtude, sem que fosse lícito a ninguém vingar as injúrias nem proceder por via de fato. E para que se possa manter essa disciplina, como ainda faz o exército dos turcos, é necessário que os bons capitães e soldados sejam recompensados, especialmente por idade, com algumas isenções, privilégios, imunidades e benefícios.

Os povos em país fértil e cercados de inimigos esfomeados precisam ser aguerridos

Mesmo se a terça parte das finanças fosse empregada no pagamento dos militares, não seria demais para que a segurança tenha homens para defender o estado quando necessário, sobretudo se a República for invejada e rodeada de nações belicosas, como são os povos situados nas regiões temperadas e férteis da França, Itália, Hungria, Grécia, Ásia Menor, Sória, Egito, Pérsia e das ilhas localizadas no mar Mediterrâneo. Isso porque os povos situados nos extremos do frio ou do calor, como os etíopes, númidas, negros, tártaros, godos, moscovitas, escoceses e suecos, não precisam de grandes fortalezas nem manter legiões em tempo de paz, pois não têm inimigos além daqueles que eles mesmos criam. Os povos do Setentrião também são por natureza demasiado belicosos, todos pessoas a cavalo ou a maioria deles, e dados às armas, sem que seja necessário impeli-los mais a esse ofício ou enviá-los à guerra, a não ser para descarregar o país ou então, como eu disse, se não puderem ser educados na paz. E para que não se corra o risco de aliados pouco fiéis, ou de que os estrangeiros aspirem o sangue dos súditos, aguerrindo-se às custas de outrem e com perigo de invadir o estado, as alianças ofensivas e defensivas que forem firmadas deverão ser iguais para receber, em caso de necessidade, tanta ajuda e socorro quanto se deverá dar. Não obstante, o socorro de outrem não deve ser tão forte que não se lhe possa dar a lei.

Pessoas de ofício inaptas para a guerra

Ademais, não deve ser permitido aos outros súditos portar armas, para que os lavradores e artesãos não tomem gosto pelas roubalheiras, como fazem, largando o arado e a loja, sem ter experiência alguma com armas, e quando se deve marchar contra o inimigo abandonam a insígnia ou fogem ao primeiro embate, pondo todo o exército em desespero, sobretudo os artesãos e pessoas sedentárias educadas à sombra, que todos os antigos e sábios capitães[141] julgaram totalmente inaptas para os feitos da guerra, apesar do que diz Thomas More na sua República.

Já que discorremos sobre as pessoas de guerra, as fortalezas e o socorro que se deve obter junto aos aliados, falemos agora da segurança dos tratados de aliança entre os Príncipes e as Repúblicas.

---

[141] Lívio liv. 8.

Capítulo VI

Da segurança das alianças e tratados entre os Príncipes

Este tratado depende do precedente, que não deve ser ignorado, visto que não há jurisconsulto ou político que o tenha abordado. Não obstante, não há nada em todos os negócios de Estado que mais preocupe os Príncipes e senhorias do que assegurar os tratados que fazem uns com os outros, seja entre amigos, seja entre inimigos, seja com aqueles que são neutro, seja até com os súditos. Uns certificam-se simplesmente da fé recíproca, outros pedem reféns, muitos querem também algumas praças-fortes. Há aqueles que não ficam satisfeitos se não desarmarem os vencidos, para maior segurança. Mas a maior de todas é aquela ratificada por aliança e proximidade de sangue. E assim como há diferença entre os amigos e inimigos, os vencedores e vencidos, aqueles que são iguais em poder e os mais fracos, os Príncipes e os súditos, assim também é preciso que os tratados sejam diversos e as garantias diversas. Tanto é certo que essa máxima permanece geral e indubitável que em todas as espécies de tratados não há garantia maior que o fato de as cláusulas e condições inseridas nos tratados serem adaptáveis às partes e apropriadas para o assunto dos negócios que se apresentam. E nunca houve nada mais verdadeiro que a opinião do cônsul que disse em pleno senado[142]: *Neminem populum diutius ea conditione esse posse, cujus eum pœniteat*. Tratava-se dos privernates, que haviam infringido a aliança e que os romanos haviam vencido. Estes pediram ao embaixador daqueles qual pena eles mereciam: a pena, disse ele, daqueles que devem viver em liberdade. E o cônsul lhe replicou: "Se nós os perdoássemos, a paz estaria assegurada?" Ao que o embaixador respondeu: *Si bonam dederitis, et fidam, et perpetuam: si malam, haud diuturnam*. Os jovens senadores julgaram essas respostas demasiado orgulhosas e insolentes, mas os mais sábios disseram que esse povo, que só combatia pela sua liberdade, merecia o direito de burguesia romana, de outro modo nunca seriam nem bons súditos, nem amigos leais. Seguindo essa opinião, o decreto do senado foi aprovado com força de privilégio homologado pelo povo. Não obstante, eles tinham se rendido à mercê dos romanos, como todas as outras cidades dos latinos aliados, que tinham conjurado juntamente contra os romanos.

    Ora, a garantia que exigiam os antigos romanos daqueles que eles queriam sujeitar depois de tê-los vencido era tomar primeiro todas as suas fortalezas, colocar guarnições nelas, receber reféns e desarmar inteiramente os vencidos[143]. Pois nunca se deve pensar em manter em sujeição um povo que sempre viveu em liberdade se ele não for desarmado, nem retirar sua liberdade pela metade, como fez o rei Luís XII com os genoveses, que tinham se colocado sob sua proteção quando estavam em perigo e, uma vez passada a ameaça, revoltaram-se e aliaram-se com seus inimigos. Ele foi lá em pessoa, sitiou-os e forçou-os a se renderem, depois condenou-os a pagar duzentos mil ducados e colocou guarnição na Lanterna. No entanto, ele os deixou governarem seu estado, exceto a marca da moeda que ele lhes retirou, o que era cortar a sujeição e a liberdade pela metade. Teria sido muito mais conveniente fazer deles bons súditos ou deixá-los em liberdade plena, pois o próprio rei Luís XII ao qual eles tinham se entregue respondeu que os entregava ao diabo, prometendo não receber pensão nem proteção de aliados tão desleais, que tinham se revoltado desde que o rei Carlos VI os recebeu em proteção para defendê-los dos venezianos. (E os condes da Saboia receberam em proteção os bernenses contra os senhores de Burdorg; aqueles depois suplicaram os condes de cessar

---

[142] Cônsul Plantius apud Lívio liv. 8.
[143] Lívio liv. 8.

a proteção, com o que eles concordaram, temendo que fizessem guerra contra eles.) Mas o rei Francisco I parece ter cometido um erro ainda maior, pois recusou duzentos mil escudos, que ofereciam em necessidade para ficar quites da proteção, fazendo-o saber que se rebelariam na primeira oportunidade que surgisse, como fizeram depois da jornada de Pavia, e depois expulsaram o pouco de guarnição que restava na Lanterna, que arrasaram completamente. Era preciso sujeitá-los e retirar-lhes a administração do seu estado, ou pô-los totalmente em liberdade, pois não há meio-termo que resolva.

Alguém dirá que é romper a fé infringir os tratados e transformar a proteção em soberania. Eu digo que é e sempre será lícito que o protetor se torne senhor se o aderente for desleal. Assim, lemos que o imperador Augusto tornou súditos os povos que haviam abusado da liberdade[144]. É por isso que o rei Carlos IX, ao descobrir as manobras e práticas secretas dos espanhóis para com os habitantes de Toul, Metz e Verdun, foi obrigado a retirar totalmente o poder deles. Pois em todos os tratados de proteção há uma cláusula expressa segundo a qual aqueles que estão em proteção conservarão seu estado e soberania, mas não há grande garantia se o protetor dominar as fortalezas dos seus aderentes.

As cidades imperiais sujeitadas a pretexto de proteção

Bem se sabe que as cidades de Constança, Utrecht, Cambray, Viena d'Áustria e várias outras que tinham se colocado sob a proteção da casa de Áustria estão hoje mais sujeitas que as outras. O rei da Hungria teve o mesmo destino, pois após a morte do rei João os estados do país enviaram embaixadores ao Turco para receber a proteção do jovem rei e do reino, por temerem que Ferdinando se tornasse senhor dele, já que pretendia que o reino lhe pertencia em virtude dos tratados feitos entre a casa de Áustria e os reis da Hungria. Mas os tratados não tinham fundamento assegurado, pois sendo o reino eletivo os reis não podiam retirar esse poder do povo sem o seu consentimento. E se a casa de Áustria tivesse apresentado um dos príncipes para ser eleito, teria vencido sem dificuldade. Mas os estados preferiram eleger Matias Corvino como rei a perder o direito de eleição. Embora o novo rei e os estados do país tenham ratificado os tratados anteriores com a casa de

---
[144] Suetônio, Augusto.

Áustria para o futuro, eles não foram mantidos porque pareciam ser feitos contra o direito e a razão e pela força.

O reino da Hungria sujeitado a pretexto de proteção

É por isso que eles preferiram colocar-se sob a proteção do Turco, que logo depois se tornou senhor do estado, sabendo que Ferdinando o obteria, o qual todavia ficou com parte dele. Mas ele foi obrigado a pactuar com o Turco, pagando a cada ano uma boa soma de dinheiro que o imperador chama de pensão e o Turco de tributo, e jacta-se que o imperador é seu tributário. Mas a diferença é notável entre o pensionário e o tributário, pois o tributo é pago pelo súdito ou por aquele que, para gozar da sua liberdade, paga o que foi combinado àquele que o obrigou e forçou a fazê-lo; a pensão é voluntária por parte daquele que está sob proteção ou daquele que é igual no tratado de aliança para obter a paz e impedir que o pensionário se junte aos inimigos, ou para obter ajuda e socorro quando quiser. Assim, nos tratados de aliança igual entre os reis da França e os senhores das ligas, que foram feitos por pura e franca vontade sem força nem coerção, o rei promete pensão de três mil libras a cada cantão, duas mil pela paz e mil pela aliança, embora o rei Francisco, três anos antes do tratado, tivesse obtido sobre eles a maior vitória que qualquer Príncipe já obteve. E embora tenhamos dito que a verdadeira proteção é aquela em que um toma a defesa do outro gratuitamente sem recompensa alguma, para a segurança dos tratados e proteções, ou avocações, costuma-se receber pensão daquele que se coloca sob proteção ou avocação, para que o protetor seja obrigado não somente por juramento mas também ao receber a pensão, e esteja mais disposto a socorrer seu aderente em caso de necessidade.

É verdade que os antigos não agiam assim, mas depois que se pesou a honra segundo a medida do proveito começou-se a traficar a proteção a preço de dinheiro. Eis porque nosso Salvian de Marselha se queixa dizendo que os pobres, ao se colocarem sob a proteção dos grandes, dão todo seu patrimônio para a defesa. Bem se sabe que os de Lucca, Parma, Siena e vários outros pagam gordas pensões para a proteção. E no mais das vezes a pensão é paga ao protetor não tanto para ser protegido dos inimigos, mas do próprio protetor, como ocorreu depois da jornada de Pavia, quando todos os potentados da

Itália fizeram votos aos espanhóis e, para se redimir da invasão, colocaram-se sob a sua proteção. E entre outros os luqueses pagaram ao imperador Carlos V dez mil ducados, os sienenses quinze mil e o duque de Ferrara cinquenta mil, que ele pagou ao vice-rei de Nápoles na forma de empréstimo que nunca seria devolvido. Mas é coisa muito mais estranha tomar a proteção, receber a pensão e deixar os aderentes em necessidade, como há doze anos os habitantes de Lisland se colocaram sob a proteção dos reis da Polônia e da Suécia contra o rei da Moscóvia; os reis pactuaram com o moscovita e os aderentes ficaram expostos à mercê do inimigo. Porém, se aquele que está sob proteção, como soberano, e em sujeição como vassalo e súdito, pede socorro ao protetor, o motivo para defendê-lo é duplo, sobretudo se quiserem atentar contra a sua honra e sua pessoa.

Foi o que ocorreu em 1563 quando a Inquisição de Roma expediu no mês de março uma citação contra a rainha da Navarra para comparecer em Roma dentro de seis meses, em pessoa e não por meio de procurador, sob pena de confisco de todos os seus bens, estados e senhorias. O rei Carlos IX assumiu sua proteção dizendo que ela lhe era aparentada por proximidade de linhagem, que era rainha e viúva, e aliada da casa de França, vassala e súdita do rei, e que pelos tratados dos papas e pelos concílios elas não podiam ser retiradas do reino em nenhum caso. O próprio papa Clemente VII havia enviado dois cardeais à Inglaterra para ouvir o rei Henrique VIII sobre o fato do divórcio entre ele e Catarina da Espanha. E como a citação e ameaça feitas a uma tal Princesa feriam sua honra e seus estados, o rei da França avisou por seus embaixadores todos os Príncipes seus vizinhos, amigos e aliados, declarando ao legado do Papa que seu senhor não julgasse ruim que ele castigasse aqueles que eram a causa de tal empreitada. Assim fez Luís, o Jovem, em caso semelhante com Thibaut conde de Champagne, que havia mandado censurar o conde de Vermandois, rogando além disso ao Papa que revogasse as sentenças dadas tanto por ele como pelos seus deputados, e que aquele não julgasse estranho que ele empregasse os meios utilizados em casos semelhantes.

Contudo, ocorre frequentemente que aqueles que são recebidos em proteção, depois que o perigo passou, fazem a guerra ao protetor. Temos exemplos bastantes e, sem ir adiante, de nossa memória vimos vários Príncipes da Alemanha jogarem-se entre os braços do rei Henrique II para serem libertos do cativeiro e servidão na qual estavam envoltos. O rei Henrique recebeu-os em proteção e, em vez de receber pensão, adiantou-lhes quinhentas mil libras e recrutou um exército de sessenta mil homens às suas custas para a liberdade do Império. Embora tivesse sido acordado no artigo XXXIV do tratado de proteção que os Príncipes aderentes concordariam que o rei se apoderasse das cidades imperiais que falavam francês, tão logo o imperador foi expulso delas e o Império reduzido ao seu esplendor primeiro por ação dos franceses, os principais chefes dos aderentes deixaram a proteção do rei e, além disso, tomaram as armas contra o protetor. Pelo decreto da jornada imperial reunida em 1565 foi decidido enviar embaixada à França para pedir as três cidades imperiais que estão sob a proteção da França: Toul, Verdun e Metz, embora Verdun estivesse há cento e sessenta anos sob a proteção da França, por somente trezentas libras de pensão. Por isso o decreto imperial não surtiu efeito algum, e o próprio rei foi avisado por cartas de 1º de dezembro de 1559, por um pensionário, que os estados do Império achariam bom que o rei quisesse deter as ditas cidades em fé e homenagem do Império; com isso eles davam a entender que ele só detêm as ditas cidades por ocasião muito grande e justa.

Assim como o protetor não pode ser invadido por aquele que está sob sua proteção, por ser sempre o mais fraco, aqueles que se entregam em proteção procuram garantias muito maiores que os protetores. Aqui dirá alguém que não é coisa apropriada pedir garantia ao protetor, já que estamos nos colocando sob sua proteção. De fato, por uma antiga sentença do Parlamento[145], o vassalo que pediu garantia contra seu senhor foi alijado. Porém, mais tarde em caso semelhante a coisa foi decidida no conselho do mesmo Parlamento, e julgou-se pela resolução dos maiores jurisconsultos que o Príncipe soberano deve tomar em salvaguarda o vassalo contra seu senhor se houver justa ocasião. Com mais razão, o protegido deve tomar do protetor todas as garantias que puder. A primeira garantia depende das condições razoáveis apostas ao tratado, a segunda das cartas de proteção que o protetor deve outorgar aos aderentes para certificar que eles permanecem soberanos, e isso deve ser feito nas monarquias quando o novo Príncipe assume, pois o sucessor não está obrigado à proteção.

---

[145] Para o conde de Polignac, no ano de 1387.

Garantias da aliança de proteção

Eis porque os habitantes de Metz, depois da morte do rei Henrique II, pediram que lhes fossem outorgadas cartas de proteção, e assim fizeram não para ter a garantia de serem mais bem protegidos do que já são, mas para fazer entender que não estavam em sujeição. Isto é geral em todos os tratados feitos entre os Príncipes e sempre foi observado: renovar as amizades e alianças, que de outro modo ficariam sem continuação. Assim, Perseu rei da Macedônia, depois da morte de seu pai, enviou embaixada sua ao senado romano para renovar a amizade firmada com seu pai e ser chamado de rei pelo senado[146]. Quando surgiu a oportunidade de negociar, os romanos propuseram as condições acordadas com seu pai, ao que Perseu respondeu que os tratados feitos com seu pai não lhe diziam respeito em nada, e se quisessem contratar nova aliança seria preciso primeiramente combinar as condições[147]. Também Henrique VII rei da Inglaterra, ao receber das mãos do arquiduque Felipe o duque de Suffolk, com a condição de não matá-lo, cumpriu sua palavra. Mas seu filho Henrique VIII mandou cortar-lhe a cabeça, dizendo que não estava vinculado ao tratado feito por seu pai.

Mas assim como as proteções são mais perigosas para os aderentes que qualquer outro tratado, é necessária uma garantia maior do que para os outros, pois no mais das vezes se vê, por falta de garantia, que a proteção se transforma em senhoria, e julga-se bem protegido aquele que deixa a ovelha sob a guarda do lobo. Por isso é preciso que as proteções sejam limitadas a um certo tempo, mesmo nos estados populares e aristocráticos, que não morrem. Ora, assim como o vassalo deve ser liberado da fidelidade e homenagem que deve ao seu senhor se for maltratado por este último, como foi julgado por sentença do Parlamento em favor da dama de Raiz contra o duque da Bretanha, assim também o protegido ou aderente deve ser liberado do poder do protetor se este infringir os tratados de proteção. Portanto, a maior garantia da proteção é impedir, se for possível, que os protetores se apoderem das fortalezas e que coloquem guarnição nas cidades dos aderentes. E nunca se deve esquecer o que disse o tribuno do

---
[146] Lívio liv. 40.
[147] Lívio liv. 42.

povo Brutus à nobreza de Roma: que só há uma garantia para os fracos que temem os mais fortes, a saber que uns não possam ofender os outros quando quiserem, haja vista que a vontade de ofender nunca falta aos ambiciosos que têm poder sobre outrem. Por essa causa foi muito sabiamente decidido pelos escoceses, no tratado de proteção feito com os ingleses em 1559, que a rainha da Inglaterra, que os tomava sob sua proteção, entregaria reféns que seriam trocados de seis em seis meses e que só construiria fortalezas na Escócia com o consentimento dos escoceses.

Os atenienses falharam nisso ao colocarem-se sob a proteção de Antípater, depois de Cassandro e de Ptolomeu, e enfim de Demétrio, o Sitiador, pois toleraram que seus protetores tomassem posse das fortalezas, e com isso logo se tornaram senhores soberanos. Demóstenes havia previsto isso, pois quando lhe disseram que Antípater era brando e gracioso, ele respondeu: "Não queremos senhor por mais brando que seja", e foi o primeiro que Antípater mandou matar. Mas os atenienses foram tratados como haviam tratado seus aliados, pois após expulsar os persas da Grécia todas as cidades da Grécia firmaram aliança igual para a proteção e defesa dos seus estados e liberdades, para a qual cada cidade deputou seus embaixadores. Do lado dos atenienses, Aristides, apelidado o Justo, foi enviado para jurar a aliança, como fez. E após o sacrifício solene ele jogou no mar as massas de ferro ardentes, atestando o céu e a terra e rogando todos os seus deuses que aquele que faltasse à sua palavra fosse extinto imediatamente, tal como o fogo era na água[148]. Foi decidido que cada cidade permaneceria no seu estado, alçada e soberania, mas que os dinheiros que seriam cobrados a cada ano de todos os aliados seriam colocados no tesouro de Apolo para serem empregados como fosse aconselhado pelo comum consentimento dos aliados, e então cada cidade foi cotizada.

As cidades da Grécia foram sujeitadas a pretexto de aliança

Mas os atenienses, vendo a grande soma de dinheiro, fortificaram sua cidade, seus portos e passagens fortificáveis, e fizeram reserva de bom número de navios e galeras armadas e fretadas. E assim que viram que eram os mais fortes, transformaram a aliança igual em proteção, e a proteção em sujeição,

---

[148] Plutarco, Aristides.

de modo que as apelações de todas as cidades dos aliados eram encaminhadas a Atenas, como lemos em Xenofonte[149], e todos os encargos e talhas eram impostos pelos atenienses, que tinham se isentado de todos os impostos. Isso aconteceu porque os atenienses aguerriram seus súditos às custas dos aliados, como também fizeram os lacedemônios com todos seus aliados, que eram na maioria artífices. Ao contrário, na Lacedemônia não havia um espartano que fosse artesão, devido às proibições de Licurgo, de modo que a cidade de Esparta era muito mais poderosa e tinha quase em sujeição todos os outros aliados, como lemos em Plutarco. Vemos que os latinos caíram quase na mesma dificuldade depois de ter tratado aliança igual com os romanos, contra os quais pegaram em armas porque os romanos os comandavam como faziam com seus súditos. Ao queixar-se disso, Setin, capitão dos latinos, disse: *Sub umbra fœderis aequi servitutem patimur*; somos, disse ele, escravos dos romanos sob aparência de aliança igual. E pouco depois: *concilia populorum Latinorum habita, responsumque non ambiguum imperantibus milites Romanis datum, absisterent imperare jus, quorum auxilio egerent: Latinos pro sua libertate potius, quam pro alieno imperio arma laturos.* Lemos também que Licortas, capitão-geral dos aqueus, fez as mesmas queixas contra o cônsul Ápio depois que os aqueus trataram aliança igual com os romanos[150]: *Fœdus Romanorum cum Achaeis specie quidem aequum esse: re precariam libertatem, apud Romanos etiam imperium esse.*

Pela mesma causa os samnitas fizeram a guerra aos romanos, renunciando às alianças. E pelo mesmo motivo as cidades da Itália, aliadas dos romanos por aliança igual, revoltaram-se contra a aliança porque os romanos tiravam um socorro infinito de homens e de dinheiro, e em todas as suas guerras eles sempre tinham dois aliados das cidades da Itália para um romano[151]. Por esse meio eles conquistaram o maior Império que já houve, e no entanto os associados não ganhavam nada com as conquistas, exceto algum saque depois que os romanos haviam pego aquilo que lhes agradava. Foi esse o motivo da guerra itálica, que não terminou até que os aliados obtivessem o direito de burguesia romana para ter participação nas honras e magistraturas.

---

149 No livro sobre a República dos atenienses.
150 Lívio liv. 33.
151 Políbio, *De militari ac domestica Romanorum disciplina* liv. 6; Lívio liv. 56.

Não obstante, em qualquer aliança igual que os romanos fizessem eles eram sempre os mais fortes e tinham seus aliados como que em sujeição. Por isso vemos a resposta orgulhosa e soberba que deu o cônsul Ápio ao capitão-geral dos aqueus sobre a disputa que travavam pelo estado dos lacedemônios: *Dum liceret voluntate sua facere, gratiam inirent, ne mox inviti, et coacti facerent.*

Aqueles que estão sob proteção devem respeitar a majestade dos protetores

Do tratado feito com os etólios (que eles não quiseram aceitar em negociação de paz se estes não se colocassem inteiramente à sua mercê) constam estas palavras: *Imperium, majestatemque populi Romani gens Aetolorum conservato sine dolo malo: hostes eosdem habeto quos populus Romanus, armaque in eos ferto: et bellum pariter gerito: obsides, arbitrio Consulis, XL. et talenta quingenta dato.* Os romanos lhes deixaram o governo do seu estado, mas garantiram tão bem o tratado de paz que os etólios não passavam de súditos, tendo sido despojados de homens e de dinheiro e entregue os maiores como reféns. Eu disse que as palavras *majestatem Romanorum conservato* mostram que o tratado feito entre a senhoria dos romanos e a dos etólios é desigual, e que estes respeitavam a majestade daqueles com toda honra. E embora os romanos dessem lei aos etólios, seu estado e sua soberania permaneceram deles, como fizeram em toda a Grécia, que eles libertaram do domínio dos reis da Macedônia. Depois que eles venceram e capturaram Perseu rei da Macedônia, eles alforriaram todos os povos, descarregaram-nos da metade dos impostos e deram permissão aos povos para governar suas senhorias. Para assegurarem-se disso, eles ordenaram, sob pena de morte, que todos os governadores, capitães, lugares-tenentes, presidentes, conselheiros de Estado, embaixadores, gentis-homens criados e até pajens e lacaios do rei abandonassem o país da Macedônia e fossem para a Itália: *qui servire regibus humiliter, aliis superbe imperare consueverunt*[152]. Não satisfeitos com isso, dividiram a Macedônia em quatro províncias, com proibição, sob pena de morte, que os de uma província tivessem acesso, comunicação, tráfico, comércio ou aliança por casamento com os outros.

---

[152] Lívio liv. 45.

Ademais, ordenaram que a metade dos encargos que pagavam ao rei fosse levada ao tesouro de Roma a cada ano. Assim, os povos da Macedônia receberam a lei dos vencedores e tornaram-se tributários, mas cada qual governava seu estado.

O cônsul Múmio usou a mesma artimanha após sujeitar o estado dos aqueus: ele arrasou Corinto e aboliu os corpos, estados e comunidades da Grécia, que foi um meio sutil para atrair para a amizade dos romanos todos os povos escravos e tiranizados, e fazer tremer os tiranos, ou pelo menos obrigar os reis e Príncipes soberanos a governar justamente os seus súditos, vendo que o preço da vitória dos romanos era a liberdade dos povos e a ruína dos tiranos. Ao fazer isso eles obtinham o mais alto ponto de honra que os homens podem obter neste mundo, a saber, o de serem justos e sábios. Por isso é uma dupla injúria que o senhor recebe do seu súdito que se colocou sob a proteção de outrem e daquele que o aceitou, se o súdito não detiver dele em fé e homenagem ou não tiver algum bem na senhoria do protetor. Como o bispo de Metz se colocou sob a proteção do Império e obteve cartas de salvaguarda para ele e para os seus em razão do que ele detinha no país Messin, em 1565 o lugar-tenente do rei da França impediu a publicação da salvaguarda, por meio da qual aquele que tinha recorrido ao Império punha em dúvida a obediência devida ao seu Príncipe, e a proteção de Metz, e a justiça do seu rei. Todavia, muitos Príncipes aceitam sem distinção todos aqueles que os solicitam, coisa que acarreta muitos inconvenientes se a proteção não for justa. Geralmente todos os tratados de aliança feitos com um Príncipe ou povo guerreiro acarretam a obrigação de sempre pegar em armas para auxiliá-los e sofrer a mesma fortuna que eles, tal como os aliados dos romanos, por meio dos tratados, eram obrigados a fornecer homens e dinheiro para auxiliá-los, embora o proveito e a honra das conquistas coubesse aos romanos.

Não se faz tratado desse tipo, a não ser que o vencedor dê a lei aos vencidos. É por isso que muitos pensaram que era conveniente para um Príncipe ser neutro e não se intrometer nas guerras de outrem. A razão principal que se pode ter é que a perda e o dano são comuns, mas o fruto da vitória pertence àquele cuja briga se apoia. Acrescente-se que é preciso declarar-se inimigo dos Príncipes sem ter sido ofendido.

A neutralidade é útil às vezes

Mas aquele que permanece neutro encontrará muitas vezes um meio de apaziguar os inimigos e conservar a amizade com todos, obtendo graça e honra de uns e de outros. E se todos os Príncipes estiverem em liça uns contra outros, quem será o mediador da paz? Além disso, parece que não há meio maior para se manter o estado na sua grandeza do que ver seus vizinhos arruinarem-se uns aos outros. Pois a grandeza de um Príncipe, a bem dizer, não é outra coisa senão a ruína ou diminuição dos seus vizinhos, e sua força não é nada senão a fraqueza de outrem. É por isso que Flamínio disse ao cônsul Atílio, que queria arruinar as cidades dos etólios, que não era tão conveniente para os romanos enfraquecer os etólios quanto impedir Felipe o Jovem, rei da Macedônia, de engrandecer-se. Eis algumas razões que podem servir àqueles que defendem a neutralidade. Mas parece que há outras mais convincentes em sentido contrário.

Primeiramente, é certo em matéria de estado que é preciso ser o mais forte, ou um dos mais fortes, e essa regra não tolera muitas exceções, seja numa mesma República, seja entre vários Príncipes.

A neutralidade é muitas vezes perigosa

De outro modo, serviremos sempre de presa à mercê do vencedor, como os embaixadores romanos responderam aos aqueus, aos quais Antíoco rei da Ásia pedia que fossem neutros entre ele e os romanos[153]. E parece que é preciso por necessidade, para se manter, ser amigo ou inimigo. De fato, temos o exemplo de Luís XI rei da França, a quem faziam guerra por todos os lados enquanto ele era neutro. Porém, assim que ele aliou os suíços mais estreitamente entre si, bem como a cidade de Estrasburgo, e se juntou a essa aliança, nunca mais houve inimigo que ousasse atacá-lo, como diz Felipe de Commines. Pois a via da neutralidade *neque amicos parat, neque inimicos tollit*, como dizia um antigo capitão dos samnitas[154]. A mesma conclusão foi tirada nos estados dos etólios pelo capitão-geral Aristeno, que disse: *Romanos aut socios habere oportet, aut hostes, media via nulla est*. Temos uma infinidade de

---

[153] Lívio liv. 35.
[154] Lívio liv. 5.

exemplos em todas as histórias. Fernando de Aragão não encontrou meio melhor para roubar o reino da Navarra de Pedro d'Albret do que persuadi-lo de ser neutro entre ele e o rei da França, para que fosse destituído quando necessário. Os habitantes de Jabes, tendo seguido o partido da neutralidade e não querendo interferir na guerra que todo o povo hebreu fazia contra a linhagem de Benjamin, foram todos mortos e suas cidades arrasadas. Também os tebanos caíram em perigo extremo por terem sido neutros quando o rei Xerxes veio à Grécia[155]. Em caso semelhante a cidade de Lays na Síria foi tomada, pilhada, saqueada e queimada por uma pequena companhia da linhagem de Dan porque eles não tinham, diz a história[156], nem Príncipe soberano nem aliança com cidade alguma. Sem ir tão longe, os florentinos, depois de ter deixado a aliança com a casa de França, não quiseram entrar na liga do Papa, do Imperador, do rei da Inglaterra e do rei da Espanha contra a casa de França e sentiram logo os frutos da neutralidade. Mas eles não deviam (dirá alguém) entrar em aliança contra a França. É verdade; tampouco deviam abandoná-la na necessidade, como fizeram. Pois não somente as alianças são rompidas, como dizia um embaixador romano; *si socios meos pro hostibus habeas: aut cum hostibus te conjugas.* O mesmo acontece quando deixamos os aliados na necessidade, pois nesse caso a neutralidade não pode ocorrer se pelo tratado devemo-lhes socorro.

    Contudo, pode-se dizer que a neutralidade pode ser concedida com o consentimento dos outros Príncipes, o que parece ser o meio mais seguro para se conservar sem medo nenhum dos vencedores. De fato, o estado da Lorena, os países da Borgonha e da Saboia, enquanto tiveram aliança de neutralidade sempre se conservaram. Depois que o duque da Saboia se voltou para o lado dos espanhóis, ele foi expulso de seu estado pelos franceses. Mas também há diferença entre ser neutro sem amizade nem com uns nem com outros e ser neutro aliado de ambos. Estes estão muito mais seguros do que se fossem inimigos de uns ou de outros, pois estão livres da invasão dos vencedores, e se houver tratado entre os inimigos eles estão incluídos de um lado e do outro. Se a neutralidade é louvável do modo que eu disse, ela é ainda mais recomendada na pessoa do Príncipe, que ultrapassa em poder ou em dignidade todos os outros, para ter a honra de ser juiz e árbitro. Afinal, sempre acontece que os

---

[155] Políbio liv. 4.
[156] Juízes cap. 18.

litígios entre os Príncipes são resolvidos por amigos comuns, e principalmente por aqueles que ultrapassam os outros em grandeza, como no passado vários papas, que souberam manter sua posição e conciliar os Príncipes cristãos, obtiveram honra, graça e segurança de suas pessoas e de seu estado, e aqueles que seguiram um ou outro partido provocaram a ruína dos outros Príncipes.

Quando se deve ser neutro

Acharam muito estranho na Espanha que o papa Alexandre VI, espanhol nativo, se aliasse com o rei da França Luís XII e quando os espanhóis estavam em situação melhor ele respondeu ao embaixador da França que queria ser neutro e permanecer pai comum das partes. Mas era muito tarde para querer com boa vontade apagar o fogo depois de tê-lo aceso. Em caso semelhante o duque d'Alba, vice-rei de Nápoles, tendo sido avisado do requerimento do procurador da câmara de Roma contra o Imperador acerca do confisco e união do reino de Nápoles com o domínio de São Pedro, escreveu ao papa Teatino, que tinha tratado aliança com a casa de França, que ele devia manter-se neutro devido à dignidade que tinha acima de todos os Príncipes cristãos. Mas as tréguas já estavam rompidas, os exércitos em campanha, as insígnias desfraldadas, e o desfecho foi infeliz, pois o Papa renunciou depois à aliança, deixando os franceses na necessidade, e foi decidido no tratado feito com os espanhóis que ele permaneceria neutro. Nunca inimizade de Príncipe foi tão perniciosa ao seu inimigo como foi então o favor do Teatino para os franceses, sem o qual eles não teriam sido reduzidos ao extremo de abandonar em um dia o que eles haviam conquistado em trinta anos. É ainda mais estranho porque a memória estava fresca dos erros semelhantes que o papa Clemente VII havia cometido ao favorecer um dos Príncipes contra o conselho de seu embaixador Luís Canose, que o avisou por cartas escritas da França que a grandeza e segurança do seu estado era mostrar-se neutro. Assim, pouco depois ele se viu prisioneiro dos imperiais e a cidade de Roma foi saqueada de maneira estranha, e ele e seus cardeais sequestrados à mercê dos vencedores.

Não entro no mérito do fato, e não se trata de saber quem mais merecia favor, mas somente que aquele que é o único que pode ser juiz ou árbitro de honra não deve nunca tornar-se parte, mesmo que fosse assegurado de que não poderia correr perigo algum. O mesmo vale com mais forte razão quando seu estado está em jogo e ele não pode ter outra garantia além da chance de vitória. Há outros que, para obter graça de todos os lados, proíbem em público que seus súditos prestem ajuda ou socorro aos inimigos de seus aliados, mas toleram que o façam por baixo do pano, e às vezes até os incitam a fazê-lo. Assim faziam os etólios, diz Tito Lívio, *qui juventutem adversus suos socios, publica tantum auctoritate dempta, militare sinunt, et contrariae saepe acies in utraque parte Aetolica auxilia habent*; tais aliados são mais perigosos que os inimigos. Mas dir-se-á talvez que também é perigoso tolerar que o poder de um Príncipe cresça de tal modo que ele possa depois dar lei aos outros e invadir seus estados quando bem quiser. Isso é verdade, e aquele que é neutro deve impedi-lo sempre que tiver oportunidade, pois a segurança dos Príncipes e das Repúblicas reside num contrapeso igual de poder entre uns e outros. Assim, quando os romanos fizeram guerra ao rei Perseu, uns favoreciam o rei, outros apoiavam os romanos. *Tertia pars*, diz Tito Lívio, *optima eadem et prudentissima, si utique optio Domini potioris daretur, sub Romanis, quam sub Rege esse malebat: si liberum inde arbitrium esset, neutram partem volebant altera oppressa fieri potentiorem: ita inter utrosque conditionem civitatum optinam fore, protegente semper altero inopem, ab alterius injuria, et illibatis utriusque partis viribus parem esse.*

Por isso foi julgado pelos mais sábios que não há nada melhor para a segurança dos estados que o fato de que o poder dos maiores seja igual tanto quanto possível. No entanto, aqueles que tiraram essa conclusão permaneceram neutros quando os romanos e macedônios fizeram guerra, embora fossem obrigados ao poder dos romanos e do rei da Macedônia, e agiram bem. Pois a diferença é grande entre desejar que as partes permaneçam iguais e tomar partido. Portanto, é louvável que o maior e mais poderoso seja neutro, ainda que isso não seja acordado entre os outros Príncipes, e que os mais fracos o sejam quando assim for decidido entre os outros Príncipes, como dissemos acima. Isso é até necessário para a salvação comum de todos os Príncipes e senhorias, que só podem ser conciliados pelos aliados comuns ou que são neutros. Mas aqueles que são neutros muitas vezes acendem o fogo em vez de apagá-lo, o que pode ser escusável se a conservação do seu estado depender da guerra que alimentam entre os outros, pois é difícil que isso seja descoberto. Porém, se a coisa for desvendada, convém que as partes concordem para lançar-se sobre o inimigo comum, como aconteceu com os venezianos, que antigamente punham seus vizinhos em querela e sempre pescavam em águas turvas.

Liga de todos os Príncipes contra os venezianos

O rei Luís XII, tendo percebido isso, aliou-se com todos os Príncipes e então todos juntos fizeram liga contra os venezianos, que foram reduzidos a tamanha necessidade que devolveram ao rei da França Creme, Bresse, Bergamo, Cremona, a Gera d'Adda, membros do ducado de Milão; ao Papa Favença, Rimini, Ravena, Cervia, domínio de São Pedro; ao Império Pádua, Vicenza, Verona; ao Imperador os locais do Friuli e do Treviso, domínio da casa de Áustria; a Ferdinando os portos e praças cedidos pelos reis de Nápoles à senhoria de Veneza; e chamaram de volta seus magistrados das cidades imperiais e de todo o país que detinham em terra firme, que nunca teria saído de suas mãos, pois até o Papa se contentava com qualquer lugar. Mas Domenico Trevisan, procurador de São Marcos, impediu o senado de fazê-lo, dizendo que o que havia caído nas mãos dos venezianos nunca saía. Portanto, é mais seguro para aquele que é neutro mediar a paz que fomentar a guerra, e ao fazê-lo obter a honra e amizade dos outros com a segurança do seu estado. Assim, os atenienses mediaram a paz entre os ródios e Demétrio, o Sitiador, para o grande contentamento de uns e de outros, que estavam cansados da guerra e não ousavam pedir a paz ao outro. Com isso os atenienses obtiveram uma grande honra e proveito para o seu estado. Isso é ainda mais necessário se aquele que é neutro for aliado daqueles que estão em guerra e precisa pedir socorro aos seus aliados, como nossos reis sempre fizeram entre os suíços protestantes e católicos e entre os grisões e os suíços.

Às vezes aqueles que estão envolvidos na guerra solicitam secretamente a um terceiro que ele seja neutro porque desejam a paz e têm vergonha de pedi-la, como os florentinos, que não podiam vencer os pisanos apesar do auxílio dos venezianos (que não queriam outra coisa senão escapar da peleja), solicitaram em segredo ao duque de Ferrara que mediasse o acordo. Esse é o mais alto ponto de honra que um Príncipe pode obter, a saber, ser eleito árbitro de paz entre outros, como eram antigamente os romanos. Desde então essa prerrogativa foi reservada aos papas entre os Príncipes cristãos, e aqueles foram amiúde nomeados juízes e árbitros de todos os diferendos entre estes, como nos tratados entre o rei Carlos V e Carlos rei da Navarra, feito em 1365, e entre Felipe, o Conquistador, e Ricardo rei da Inglaterra. Se o Papa fosse parte, como foi Inocente IV contra Frederico II imperador, então o Imperador elegia por árbitro o Parlamento de Paris, que era o senado dos pares e príncipes, e o Conselho da França. O próprio papa Clemente VII, ao tratar aliança com os reis da França e da Inglaterra contra o Imperador em 1528, por insistência do embaixador Longueval fez inscrever no tratado que, se fosse necessário negociar a paz, a honra lhe caberia. Paulo III fez o mesmo entre o rei da França e o Imperador nos tratados de Marselha e de Soissons.

E uma das coisas que é mais necessária para a segurança dos tratados de paz e aliança é nomear algum Príncipe maior e mais poderoso como juiz e árbitro em caso de contravenção, para recorrer a ele como a um garante e para que ele medeie o acordo entre aqueles que, por serem iguais, não podem honestamente recusar a guerra nem pedir a paz. Mas para que os outros Príncipes não cheguem a esse ponto, precisam aliar-se todos juntos para impedir que o poder de um dê ensejo à sua ambição para sujeitar os mais fracos, ou, melhor ainda, se forem aliados devem enviar embaixadas para mediar a paz antes da vitória. É o que fizeram os atenienses, os ródios, o rei do Egito e a senhoria de Quios entre Felipe, o Jovem, rei da Macedônia, e os etólios, por temer a grandeza do rei da Macedônia, como lemos em Tito Lívio. Por essa causa, depois da captura do rei Francisco I o Papa, os venezianos, os florentinos, o duque de Ferrara e outros potentados da Itália trataram aliança com o rei da Inglaterra para libertar o rei da França, temendo as garras dessa grande águia, que com suas asas cobria grande parte da Europa, embora eles mesmos a tinham criado, tendo feito liga contra o rei Francisco depois da jornada de Marignan e reinstituído Francisco Sforza no ducado de Milão. Assim, souberam por experiência como é perigosa a vizinhança de um Príncipe poderoso, pois se ele for justo e íntegro, seu sucessor não se assemelhará a ele. Foi essa a causa pela qual Mitridates rei da Amásia, ao ver o império dos romanos tocar o céu com sua grandeza, tratou liga com os reis da Pártia, Armênia, Egito e várias senhorias da Grécia contra os romanos, que haviam se apoderado da maioria da Europa sob pretexto de justiça, e mandou matar em um dia quarenta e cinco mil pessoas por conjuração secreta. Mas havia passado o momento de fazer liga contra uma potência que já era invencível.

É por isso que, hoje, se os grandes Príncipes tratam a paz entre si, todos os outros os seguem para serem incluídos nela, tanto pela segurança do seu estado quanto para manter os maiores em contrapeso igual, para que um não se agigante para oprimir os outros. É o que se fez no tratado de Saint Quentin em 1559, no qual todos os estados e Príncipes cristãos estão incluídos ao lado do rei da França, do Rei Católico ou de ambos, e todos aqueles que ambos os reis quisessem nomear dentro de seis meses. Mas isso significa que eles estão incluídos especialmente e não em geral com o nome de aliados ou neutros, pois se não houver expressão especial haverá justa ocasião de alegar ignorância, visto que os negócios de Estado às vezes são conduzidos de modo tão secreto e repentino que uma liga é realizada antes que a empreitada possa ser descoberta, por mais diligências que façam os embaixadores para saber as condições do tratado. Assim aconteceu com o tratado de Cambray, feito no mês de outubro de 1508, no qual o Papa, o Imperador, o Império, o rei da França, o rei de Aragão e de Nápoles, o rei de Castela, os duques da Lorena, de Ferrara e de Mântua entraram em liga contra a senhoria de Veneza, o que foi decidido antes que os venezianos desconfiassem, embora tivessem embaixadores junto de quase todos esses Príncipes. E não há dúvida que, se tivessem sido avisados de uma tal liga, poderiam facilmente impedi-la, haja vista que, logo depois, encontraram um meio de afastar dela o Papa e fazer dele um inimigo dos franceses. Esse foi o único meio de se recuperarem da ruína inevitável do seu estado.

O mesmo ocorreu com os Príncipes protestantes, contra os quais o tratado de Soissons, feito no mês de setembro de 1544 entre o rei da França e o Imperador, previa no primeiro artigo que ambos os Príncipes uniriam suas forças para fazer-lhes a guerra, no que eles não conseguiram acreditar até ver todos os preparativos feitos contra eles. Era muito fácil para eles evitar a tormenta que se abateu sobre eles, visto que o Imperador não tinha muita vontade de guerrear contra eles, e o rei menos ainda. Este chegou até a favorecê-los secretamente, de modo que, prestando algum socorro ao Imperador ou pelo menos enviando-lhe algum embaixador, eles fossem incluídos no tratado, pois o único inimigo deles era o Papa, que era então neutro entre o rei e o Imperador.

Às vezes também a liga é tão forte e a inimizade tão grande que é muito difícil impedi-la, e mais ainda rompê-la quando está concluída.

Liga contra a França

O rei Francisco I via com toda clareza e sabia muito bem da liga que se fazia entre o Papa, o Imperador, o rei da Inglaterra, os venezianos, os duques de Milão e de Mântua, as Repúblicas de Gênova, Florença, Lucca e Siena, todos confederados contra o seu estado[157], que ele não podia impedir, a não ser abandonando o ducado de Milão. Aqueles que haviam tratado paz e amizade perpétuas e aqueles que estavam aliados a ele por aliança defensiva faltaram com sua palavra e fizeram-lhe guerra aberta. Não se julgou isso estranho, pois muitos não têm a fé em grande consideração em matéria das alianças que fazem os Príncipes entre si. Além do mais, há alguns tão pérfidos que só juram quando querem enganar, como o capitão Lisandro[158], que se vangloriava de enganar os grandes nos juramentos e as crianças no jogo de chincha. Mas Deus puniu sua deslealdade como ele merecia. Ademais, o perjúrio é mais execrável que o ateísmo, já que o ateu, que não crê em Deus, não lhe faz tanta injúria (pois não acredita que Ele existe) quanto aquele que sabe que Ele existe e o perjura por zombaria. Desse modo, pode-se dizer que a perfídia anda sempre junta com a impiedade e covardia de coração, pois aquele que jura para enganar mostra evidentemente que não liga para Deus e só teme seu inimigo. Seria muito mais conveniente nunca invocar Deus como testemunha, nem aquele que se pensa ser Deus, para zombar dele. Seria melhor não invocar outra testemunha a não ser si próprio, como vemos que fez Ricardo conde de Poitiers, filho do rei da Inglaterra, o qual, ao dar a confirmação dos privilégios aos habitantes de La Rochelle, usou estas palavras: *Teste meipso*.

A fé dos aliados

Já que é assim, que a fé é o único fundamento e apoio da justiça, sobre a qual são fundadas todas as Repúblicas, alianças e sociedades dos homens, também é preciso que ela permaneça sagrada e inviolada nas coisas que não são injustas, e principalmente entre os Príncipes. Pois se eles são os garantes da fé e do juramento, que recurso terão os povos sujeitos ao seu poder dos

---
[157] Em 1523.
[158] Plutarco, Lisandro.

juramentos que fazem entre si, se aqueles forem os primeiros infratores e violadores da fé? Eu disse se a coisa não for injusta, pois é dupla maldade dar fé para cometer um ato mau, e pouco importa nesse caso se aquele que faltou à promessa é pérfido ou merece recompensa. Em caso semelhante, se o Príncipe prometeu não fazer algo que é permitido pelo direito natural ele não é perjuro quando se afasta de sua promessa, pois mesmo o súdito não é perjuro quando quebra a promessa feita por ele de algo que é permitido pelo direito. Mas os Príncipes sábios não devem prestar juramento aos outros Príncipes de coisa que é ilícita pelo direito natural ou pelo direito das gentes, e não devem obrigar os Príncipes mais fracos do que eles a jurar uma convenção que não seja razoável. Para suprimir a ambiguidade, é preciso esclarecer e especificar os casos que pensamos ser iníquos, de outro modo aquele que é obrigado tomará a palavra "justo" em geral para servir-se dela no caso especial. Assim se fez no tratado feito em 1412, no mês de maio, entre Henrique rei da Inglaterra e seus filhos de um lado, e os duques de Berry, Orléans e Bourbon, os condes de Alençon e Armignac e o senhor de Albret do outro lado, que juraram servir o rei da Inglaterra em todas suas querelas justas com suas pessoas e bens quando fossem solicitados. Não havia nenhuma reserva expressa do soberano contra o qual o rei da Inglaterra pretendia agir com base no contrato, o que ele não podia ter feito.

Ora, nunca há causa justa para pegar em armas contra seu Príncipe e contra sua pátria, como dizia um antigo orador (Cícero), nem quando são perjuros os Príncipes que quebram as promessas que fizeram com desvantagem para si, forçados pelos vencedores, como sustentaram alguns doutores, tão mal informados do estado das Repúblicas quanto das histórias antigas e do fundamento da verdadeira justiça, ao discorrer sobre os tratados feitos entre os Príncipes e as convenções e contratos feitos entre os particulares. É uma opinião de consequência muito perniciosa, pois vê-se, nos duzentos ou trezentos anos em que ela se firmou, que não há tratado por mais belo que seja que não seja infringido. Desse modo, quase ganhou força de máxima a opinião de que o Príncipe obrigado a aceitar uma paz ou tratado com desvantagem para si pode rompê-los quando surgir a oportunidade. Porém, é espantoso que os primeiros legisladores e jurisconsultos, nem os romanos mestres da justiça, nunca tenham recorrido a tais sutilezas. Pois bem se sabe que a maioria dos tratados de paz são feitos pela força ou por temor do vencedor ou daquele que é mais poderoso. E qual temor é mais justo que o de perder a vida? Não obstante, o cônsul Atílio Régulo, que jurara aos cartagineses que regressaria sabendo que ia ao encontro da morte, não lançou mão de tal sutileza, nem o cônsul Mancino para com os espanhóis. Por que então eles são tão louvados[159]? O cônsul Postúmio e seu companheiro, surpreendidos com seiscentos capitães, tenentes e gentis-homens do exército romano nos estreitos do monte Apenino, foram liberados de sua promessa e depois disputaram em pleno senado, diante de todo o povo, sobre o direito das gentes acerca dos acordos e tratados feitos na guerra. Nunca alegaram a força nem o temor, mas disseram somente que não haviam podido negociar as condições da paz com o inimigo sem encargo e procuração especial do povo romano.

Tratado de Madri

De fato, aqueles que haviam jurado a paz e que haviam se apresentado como reféns em nome de todo o exército renderam-se voluntariamente ao inimigo para que este dispusesse de suas vidas segundo a vontade dele, e foram liberados pelos arautos. No tratado de Madri, feito em 14 de fevereiro de 1526, foi dito que o rei, ao chegar na primeira cidade de seu reino, ratificaria os artigos jurados por ele na prisão e faria com que fossem ratificados pelo delfim da França assim que este tivesse idade para isso. No último artigo consta que, se o rei não quisesse manter a paz jurada, regressaria como prisioneiro à Espanha. Ele entregou seus dois filhos, Francisco e Henrique, como reféns. Ao ser libertado, todos os outros Príncipes lhe estenderam a mão e se aliaram com ele contra o Imperador para rebaixar o poder deste último, que eles haviam alçado aos píncaros. Quando o rei reuniu todos os Príncipes e os maiores senhores na Corte do seu Parlamento para deliberar sobre o que deveria ser feito a respeito do tratado de Madri, o primeiro presidente Selva, querendo mostrar que o rei não estava vinculado ao tratado, apoiou-se sobre a autoridade do cardeal Zabarel, que era muito menor que ele primeiro presidente e lugar-tenente do rei no mais belo senado do mundo. A opinião do cardeal está fundada sobre a razão da força e da coação, e para fortificá-la ele alega que João rei de Chipre, quando era prisioneiro dos genoveses, entregou

---
[159] Cícero, De officiis liv. 3.

seu filho como refém e não cumpriu sua promessa. Eis sumariamente sobre o que estava fundada a infração do tratado de Madri.

Acrescentou-se também que o rei não havia podido abandonar a soberania do país baixo nem o ducado da Borgonha sem ter o consentimento expresso dos estados. Quanto a esse ponto é certo que era o bastante para romper o tratado. Mas todas essas questões nunca foram postas em dúvida pelos antigos. Nunca se exigiu que o Príncipe liberado das mãos dos inimigos ratificasse o que havia jurado quando era prisioneiro, coisa que é ridícula, pois é pôr em dúvida o tratado e deixar ao bel-prazer daquele que é prisioneiro se deve observar o que jurou ou não. Além disso, os antigos nunca levaram em conta nem se preocuparam com a infração dos tratados quando tomavam reféns.

O juramento não serve quando se toma reféns

Afinal, os reféns são garantes da promessa, e aquele que tem bom garante se queixaria em são juízo se seu devedor faltasse com a promessa. É o que diz o cônsul Postúmio diante do povo, sustentando que não havia contravenção alguma ao tratado feito entre ele e os samnitas, visto que não era um tratado de paz ou aliança, mas uma simples promessa que só obrigava aqueles que haviam consentido. *Quid enim,* disse ele, *obsidibus, aut sponsoribus in fœdere opus esset, si precatione res transigitur? Nomina Consulum, Legatorum, Tribunorum militum, qui spoponderunt, extant: si ex fœdere res acta esset, praeter quam duorum fœcialium non extarent*[160].

Prisioneiro de guerra vigiado pode escapar sem culpa

Nisso parece que o rei Francisco e o rei de Chipre, que deixaram seus filhos como reféns, tinham sido liberados de suas promessas pelos próprios inimigos, visto que tinham garantes perante eles e que não confiavam no juramento dos seus prisioneiros. E pela lei da guerra, o prisioneiro que obtém liberdade mediante juramento é obrigado a retornar prisioneiro. Por decreto do senado romano foi proclamado ao som das trombetas e ordenado sob pena de morte a todos os prisioneiros, que eram muito numerosos, libertados mediante juramento pelo rei Pirro para ver seus amigos, que retornassem no

---
[160] Lívio liv. 9.

dia predeterminado, mas nenhum deles entregou reféns. E se o prisioneiro estiver preso por corrente e puder escapar, está decidido que ele não está vinculado àquele que o capturou, como disse o rei Francisco I a Granuelle embaixador do Imperador. E a razão de um antigo capitão romano é esta[161]: *Vult quisque sibi credi, et habita fides ipsam obligat fidem.* Se me disserem que o rei havia jurado retornar, caso em que o tratado não surtiu efeito, e que o rei João retornou prisioneiro à Inglaterra, não podendo cumprir o tratado segundo o qual ele havia deixado aos ingleses o reino e os três milhões de ouro que tinha prometido, eu respondo que não cabia ao rei fazê-lo, pois os estados vetaram os artigos referentes ao domínio, e quanto ao retorno nem ele nem o rei João estavam obrigados a isso, já que seus filhos haviam sido tomados como reféns. É por isso que o rei Francisco, ao ver que o Imperador não queria afrouxar em nada as cláusulas iníquas do tratado, com o conselho e consentimento da maioria dos Príncipes e de todo seu povo declarou nova guerra. O Imperador, irritado com isso, disse que o rei tinha se portado covardemente ao infringir seu juramento e que colocaria de bom grado sua vida no combate para pôr fim a tantas guerras.

Desafio do rei ao Imperador

O rei, tendo sido avisado pelo seu embaixador que o Imperador estava ofendido na sua honra, mandou reunir todos os Príncipes na Corte do seu Parlamento e, depois de ter mandado chamar Perrenot Granuelle embaixador da Espanha, disse-lhe que Carlos da Áustria havia dito ao arauto da França que o rei havia faltado com sua palavra, que havia dito coisa falsa, e que tantas vezes quanto ele o havia dito tantas ele havia mentido, e que lhe indicasse o local em que deveriam se encontrar para o combate.

Desafio do rei da Inglaterra

O rei da Inglaterra, ao ver que também havia sido ofendido, recorreu ao mesmo desafio e com semelhantes solenidades. Isso era feito por Príncipes generosos para dar a entender a todos que não há nada mais covarde que faltar com a palavra, mesmo para os Príncipes. Por isso ainda não se viu Príncipe tão

---
[161] Lívio liv. 22.

desleal a ponto de sustentar que seja lícito faltar com a palavra. No entanto, alguns pretenderam, nos tratados feitos por eles, terem sido ludibriados por erro de fato, ou por mau conselho, ou por fraude, ou por lesão enorme, ou mesmo pela malícia daqueles diante dos quais eles tinham capitulado; ou então que as coisas tinham se alterado tanto que nem os mais sábios o teriam previsto; ou que era impossível observar os tratados sem perda inevitável ou perigo evidente para toda a República, que são os casos nos quais se quis dizer que o juramento não é obrigatório porque a condição e causa do juramento é impossível ou iníqua. É verdade que houve quem sustentou que o Papa pode dispensar do juramento não somente ou outros Príncipes, mas também a si próprio, mas estes foram refutados pelos outros canonistas. Assim, o papa Júlio II, não encontrando meio de romper a palavra dada ao rei Luís XII para liberar-se do tratado de Cambray, não disse que ele não estava vinculado ao seu juramento, mas aproveitou a oportunidade para atribuir um bispado da Provença a um assecla romano sem avisar o rei nem seu embaixador, que estava perto de sua pessoa. O rei, irritado como a coisa merecia, mandou apreender todos os frutos que os beneficiários de Roma tinham na França. Então, o Papa, tendo encontrado a oportunidade que procurava, declarou-se abertamente inimigo do rei. Por isso Guichardin escreve que o Papa costumava dizer que todos os tratados que ele fazia com os franceses, espanhóis e alemães, que ele chamava todos de bárbaros, eram apenas para enganá-los e arruiná-los uns pelos outros, para melhor expulsá-los da Itália.

Há outros que condenam os pérfidos e traidores mas julgam boa a traição, como diziam Felipe da Macedônia e os lacedemônios, que condenaram seu capitão Febidas por ter usurpado a Cadmeia contra o teor do tratado feito com os tebanos mas conservaram a praça, como diz Plutarco. Os outros, que não podem encontrar oportunidade verdadeira nem verossímil para quebrar a palavra, pedem os pareceres e deliberações dos jurisconsultos e canonistas, como fez o marquês de Pesquierre, que queria tornar-se rei de Nápoles e fez às escondidas várias consultas por intermédio de terceiros para saber se aquele que era vassalo do rei de Nápoles podia, com exceção de sua fé e sua honra, obedecer ao Papa, senhor dominante do reino de Nápoles, e não ao rei que era apenas senhor útil. Assim, ele prevenia-se de ambos os lados, calculando que, se a empreitada contra o Imperador tivesse sucesso, ele seria rei de Nápoles, e se ela fracassasse ele pediria o ducado de Milão, devido à rebelião do duque,

que ele levava sutilmente a fazer papel de tolo. Mas quando a empreitada foi descoberta ele mandou prender Moron, chanceler do duque, e fez com que escapasse durante seu processo, temendo que ele falasse demais se fosse maltratado. Logo depois ele morreu de arrependimento, sabendo que sua perfídia e deslealdade era evidente e inescusável, visto que ele havia traído o Imperador e o duque, e todos os da liga pelo mesmo meio, que é a mais detestável perfídia entre todas as outras. Não que eu culpe aquele que, para garantir-se, se previnem de ambos os lados, contanto que isso se faça com exceção da lei dada a uns e outros, como fez Temístocles, que avisou secretamente o rei da Pérsia que, se ele não deixasse a Europa, os gregos haviam decidido demolir a ponte que ele havia feito sobre o mar para fazer passar seu exército da Ásia para a Europa, rogando-lhe que mantivesse a coisa secreta. Ele fez isso a fim de garantir para si a graça do rei da Pérsia se este fosse vencedor, ou de obter a honra de tê-lo expulso da Grécia, se ele partisse, como de fato fez.

No entanto, quando tais finezas são descobertas entre os Príncipes aliados transformam amiúde os bons amigos em inimigos jurados, como os epirotas, que admitiram aos aqueus, seus aliados, que julgavam bom fazer a guerra aos etólios, mas por embaixada comunicaram aos etólios que não pegariam em armas contra eles. Outra vez ludibriaram o rei Antíoco, prometendo-lhe toda amizade à condição que não perdessem a graça dos romanos: *id agebatur*, diz Tito Lívio, *ut si rex abstinuisset Epiro, integra sibi essent omnia apud Romanos, et conciliata apud Regem gratia, quod accepturi fuissent venientem.* Os jurisconsultos sustentam que a fé não deve ser mantida com relação àquele que faltou com a fé. Mas vai-se além, pois foi dito que também foi decidido pelo decreto do concílio de Constança que não se devia manter a fé para com os inimigos da fé. Isso porque o imperador Sigismundo, que tinha dado fé a Lancelot rei da Boêmia e salvo-conduto a Jan Hus e Jerônimo de Praga, não quis que se procedesse contra eles; mas para dissipar a dúvida que ele tinha, houve vários jurisconsultos, canonistas e teólogos, inclusive Nicolau, abade de Palermo, e Luís du Pont, apelidado o Romano, que emitiram esse parecer, aprovado como decreto homologado pelo concílio. Jan Hus e seu companheiro foram executados, embora nem o concílio nem o imperador tivessem jurisdição alguma sobre eles e o rei da Boêmia, senhor natural deles, não fosse da mesma opinião e tivesse recebido juramento; mas nada disso foi levado em consideração.

Se se deve manter a fé para com os inimigos da fé

Não devemos nos espantar com isso, visto que Bártolo, o primeiro jurisconsulto de sua época, sustenta que não se deve manter a fé para com os inimigos particulares que não são capitães em chefe. Segundo esse decreto, o cardeal Saint Julian foi enviado como legado à Hungria para romper os tratados de paz firmados com o Turco, ao que Huniad, pai de Matias Corvino rei da Hungria, resistiu firmemente, alegando os tratados e a fé jurada em condições muito razoáveis e vantajosas para os cristãos. Todavia, o legado mostrou-lhe o decreto do concílio segundo o qual não se devia manter a fé para com os inimigos da fé, com base no que os húngaros romperam a paz. Mas o rei dos turcos, tendo ouvido o decreto e a infração da paz, arregimentou um exército poderoso e depois não cessou, tanto ele quanto seus sucessores, de crescer em poder invencível e de construir esse grande império sobre a ruína dos cristãos. Pois até mesmo o imperador Sigismundo foi expulso com todo o exército dos cristãos e o embaixador que havia levado o decreto foi morto na volta por alguns ladrões cristãos.

Mas se a fé não deve ser mantida para com os inimigos ela não deve ser dada. E ao contrário, se é lícito capitular com os inimigos, também é necessário manter as promessas feitas a eles. Por conseguinte, a questão seria se é lícito tratar aliança com os pagãos e infiéis, como o imperador Carlos V fez com o rei da Pérsia por meio de seu embaixador Roberto o Inglês, que foi perseguido pelo *sandjak* de Sória até as fronteiras da Pérsia. Não obstante, ele não tinha outra crítica a fazer ao rei Francisco I do que ter tratado aliança com os turcos. Bem se sabe que os reis da Polônia, os venezianos, genoveses e ragusanos têm aliança semelhante com eles. E o próprio imperador Carlos V prometeu a Martinho Lutero, que havia sido declarado pela bula papal inimigo da fé, que ele poderia vir à dieta imperial de Worms em 1519, na qual Ecchius, vendo que ele não queria renunciar à sua opinião, invocou o decreto de Constança, segundo o qual ele pediu que se procedesse contra Lutero, sem levar em consideração a promessa que o Imperador havia feito. Mas não houve Príncipe que não tivesse horror do pedido de Ecchius, e de fato o Imperador mandou Martinho de volta com salvaguarda e mão armada.

Não quero entrar no mérito do decreto, mas a opinião de Bártolo e daqueles que sustentam que não se deve manter a fé para com os inimigos não merece refutação, de tanto que está afastada do senso comum. No entanto, a forma do juramento que fazem os judeus, explicitamente articulada nas ordenanças da câmara imperial, livro I, capítulo LXXXVI, dispõe que eles prometem manter as promessas feitas aos cristãos tão lealmente quanto fizeram seus predecessores para com os gifans idólatras. Assim, Josué, que havia sido enganado pelos gabaonitas, pagãos e infiéis no tratado que fizera com eles, para salvá-los junto com as quatro cidades que tinham, ao descobrir depois o engodo e que os capitães do exército dos hebreus exigiam que o tratado fosse rompido, recusou-se, dizendo que haviam feito promessa a eles, e isso a fim de que, diz a Escritura[162], a fúria de Deus, em nome de quem haviam jurado, não se abatesse sobre eles. Quanto ao que eu disse, que a fé não deve ser mantida para com aquele que a rompeu, o direito natural concorda e as histórias estão cheias de exemplos. Além disso, de nossa memória Sinan paxá, tendo capitulado com aqueles de Trípoli na Berbéria e jurado pela cabeça de seu mestre que deixaria os cavaleiros sair com seus bens depois que a cidade lhe fosse devolvida, mesmo assim fez de todos os habitantes escravos, exceto duzentos que ele pôs em liberdade a pedido de Aramont embaixador da França. E quando cobraram dele que mantivesse a sua fé, ele respondeu que a fé não devia ser mantida para com eles porque eles haviam jurado em Rodes nunca pegar em armas contra os turcos, e criticou-os por serem piores do que cães e não terem nem Deus, nem fé, nem lei.

A perfídia coberta por novo tratado não deve ser respeitada

A perfídia não deve ser usada nem repetida depois que se tratou paz e acordo em comum, de outro modo nunca haveria garantia de paz nem fim da perfídia. Mas se um dos Príncipes quebrou sua promessa e enganou o outro, não deve se queixar se levar o troco. Assim, os romanos, tendo vencido os epirotas que haviam faltado com a fé para com eles, e colocado guarnição dentro das cidades deles durante a guerra da Macedônia, logo depois que Perseu foi capturado mandaram publicar que também queriam pôr em liberdade os epirotas e retirar a guarnição. Mandaram chamar dez homens dos mais eminentes de cada cidade, aos quais ordenou-se que trouxessem todo

---

[162] Josué 9.

o ouro e a prata. E depois no mesmo instante foi dado sinal às guarnições para pilhar e saquear todas as cidades, o que foi feito, e dessa forma foram saqueadas setenta cidades. Mas se a perfídia fosse coberta por novo tratado, não seria lícito usar dela. Todavia, há alguns tão covardes e tão pérfidos que, no mesmo instante em que juram, não têm outro discurso em sua mente senão falsear seu juramento. Assim, Carlos duque da Borgonha deu garantia ao conde Saint-Paul, condestável da França, para depois vendê-lo, e os banidos de Cynethe, cidade da Grécia, ao serem chamados de volta e recebidos por novo tratado feito com aqueles que os haviam expulsado, juraram esquecer todas as injúrias passadas e viver juntos em boa paz e amizade, mas ao jurar, diz Políbio[163], não pensavam em outra coisa senão trair a cidade, como fizeram para se vingar da injúria que haviam coberto pelo novo acordo, e expulsaram todos seus inimigos. Mas Deus, para vingar sua deslealdade, permitiu que os árcades, aos quais eles haviam entregue a cidade, matassem aqueles que a haviam colocado em suas mãos.

Acontece com frequência que os Príncipes e senhorias rompam as alianças por temor e sigam ordinariamente o partido do vencedor, como depois da jornada de Pavia todos os aliados do rei da França na Itália abandonaram seu partido, e depois da jornada de Cannes quase todos os aliados dos romanos os abandonaram na Itália. Do mesmo modo, os ródios, depois da captura do rei Perseu, do qual eram aliados, fizeram um édito segundo o qual, sob pena de morte, ninguém poderia fazer nem dizer nada em favor dele[164]. O temor que tinham não cobria de modo algum a vergonha da infração das tréguas, mas que pretexto pode ter aquele que só capitula com outrem para enganá-lo? Isso é indesculpável e detestável diante de Deus. Todavia, o imperador Maximiliano I costumava dizer que só fazia tratados para enganar o rei Luís XII e vingar-se de dezessete injúrias que havia sofrido dos franceses, embora não pudesse citar nenhuma delas. Pois todos sabem que, há duzentos anos, a Europa não viu Príncipe mais religioso que Carlos VIII nem mais íntegro que Luís XII, que reinaram na época de Maximiliano. Aquele último, que entre todos os Príncipes foi o único chamado de pai do povo, mostrou o quanto era leal em seus feitos e palavras ao tratar a paz com Fernando de Aragão, do qual havia antes sofrido muitas perdas. No entanto, assim que Fernando chegou ao

---

[163] Liv. 4.
[164] Lívio liv. 45.

porto de Savonne, o rei da França subiu a bordo de sua galera com dois ou três senhores. Fernando, espantado com segurança e bondade tão grandes, saiu de sua galera e foi hospedar-se no castelo de Savonne. Estava no poder do rei da França retê-lo, como em caso semelhante fez Carlos de Borgonha com Luís XI no castelo de Peronne, mas ele estava tão afastado dessa má intenção que, ao contrário, não poupou qualquer magnificência para agradá-lo.

Mas se fosse o caso que os Príncipes em guerra quisessem conversar, embora isso se faça às vezes no meio dos dois exércitos, se um vier com poucas pessoas ou sem força ele deve receber reféns do outro ou fortalezas para sua segurança antes de se aproximar, como se faz ordinariamente. Assim fez o rei Perseu, que tinha ido com uma grande companhia até a fronteira de seu reino. Quando ele quis atravessar, Q. Martius Philippus, embaixador romano, pediu reféns se ele quisesse atravessar o rio em companhia de mais duas ou três pessoas. Perseu entregou seus principais amigos e Martius, por sua vez, não entregou ninguém porque tinha somente três pessoas com ele. E se se tratar de entregar reféns para libertar um prisioneiro que é grande Príncipe, isso deve ser feito com forças iguais de um lado e do outro, e ao entregar os reféns receber o cativo no mesmo instante, como se fez quando o rei Francisco I retornou de Madri. De outro modo haveria o perigo de que o Príncipe desleal retivesse o prisioneiro e os reféns, como fez Trífon, que, ao capturar Jônatas por traição, prometeu libertá-lo por sessenta mil escudos e seus dois filhos como reféns; assim que lhe foram entregues o resgate e os reféns, ele tomou o dinheiro e matou os reféns e o prisioneiro, e mandou matar seu pupilo, o rei da Síria.

Sempre devemos nos precaver contra tais monstros, por mais que se faça tratado de amizade e aliança com eles. Mesmo que eles contratem casamento, não há confiança se o Príncipe é pérfido e desleal, como era um Alfonso rei de Nápoles que matou o conde Jaques, embaixador de Milão, e tinha o natural de Caracala, imperador romano (o qual só servia refeição farta àqueles que queria mandar matar) que, tendo tratado a paz com os partos, pediu a filha do rei; esta foi-lhe concedida e ele foi até a Pérsia para desposá-la com companhia razoável, todos armados por debaixo das roupas; ao sinal dado, quando os outros só pensavam no festim, ele mandou matar os maiores senhores que se encontravam nas núpcias e retirou-se após o golpe, dizendo que era permitido agir assim para com seus inimigos. Esse parricídio é tão cruel quanto a desculpa é detestável. Por isso Deus vingou-se logo depois de sua deslealdade, permitindo que um dos seus homens lhe cortasse a garganta e levasse o Império como recompensa. Assim era o conde Valentino, filho do papa Alexandre VII, que Maquiavel coloca como modelo dos Príncipes: em qualquer tratado que se fizesse com ele e seu pai, nunca havia confiança, pois Alexandre não fazia nada do que dizia e seu filho não dizia nada do que fazia. Ele deu fé e fez grandes juramentos para garantir a paz que fazia com os Príncipes ligados contra ele, e tendo atraído-os com sua jura mandou matá-los cruelmente. Seu pai, rindo disso, disse que ele havia pregado uma peça de espanhol. Era extrema loucura dos Príncipe colocar sua vida nas mãos do homem mais desleal que já houve, e conhecido como tal, ainda mais que ele era apenas súdito do Papa e não tinha poder para dar fé àqueles que mandou matar, de modo que o Papa podia mandar matá-los como seus súditos e rebeldes, sem nota de perfídia.

É o que fez Fernando de Aragão, que ordenou a Gonzalo vice-rei de Nápoles que mantivesse prisioneiro o mesmo conde Valentino, ao qual o vice-rei havia dado salvo-conduto, ordem que foi dada depois que o salvo-conduto não estava mais em vigor, pois a garantia dada pelo súdito sem encargo especial do senhor tem efeito nulo. Lemos que Alberto conde da Francônia cometeu o mesmo erro que o conde Valentino, pois estando sitiado por Luís da Baviera, Oto arcebispo de Mogúncia persuadiu-o de ir até o Imperador sob sua palavra, e caso nada pudesse fazer ele retornaria com o arcebispo. O bom arcebispo, tendo saído, fingiu ter esquecido alguma coisa no castelo e retornou com o conde. E depois de colocar o conde entre as mãos do Imperador, quando aquele exigiu dele que cumprisse sua promessa ele disse que tinha retornado como o soldado de Políbio, que, apesar de sua artimanha, foi mandado de volta ao inimigo pelo senado romano com pés e punhos atados. Mas a verdadeira defesa do arcebispo era mais peremptória, a saber que ele não podia opor ao Imperador a promessa feita a um súdito, embora sua deslealdade não fosse coberta por isso. Assim, o tribuno Saturnino com seus cúmplices, que tinham se apoderado do Capitólio por conjuração e rebelião e saíram mediante promessa e salvaguarda dos cônsules, não obstante foram mortos e sua memória danada. E na cidade de Lucca ocorreu um caso semelhante em 1522, quando Vincent Poge e seus companheiros, depois de matar o gonfaloneiro no palácio, obtiveram promessa e garantia dos magistrados de não serem incomodados até sair da cidade, porque estavam armados e eram mais fortes, mas logo depois foram perseguidos como mereciam. E para que sob a promessa dos magistrados a fé e a segurança pública não fosse quebrada, a senhoria de Veneza proibiu por ordenança dos Dez, publicada em 1506, que os governantes e magistrados dessem salvo-conduto aos banidos, o que foi reservado exclusivamente à senhoria, que por outra ordenança feita em 1512 proibiu que fosse feito prisioneiro aquele a quem a senhoria havia dado salvo-conduto. Não que os Príncipes e senhores soberanos sejam obrigados a manter a fé para com os súditos, e muito menos para com os banidos, mas porque, uma vez dada, é preciso observá-la inviolavelmente.

A fé dada aos bandidos e piratas deve ser observada

Não temos maiores mestres da justiça e da fé pública que os antigos romanos, e todavia vemos que Pompeu, o Grande, capitulou com os corsários e piratas, dando-lhes retiro seguro em algumas cidades e terras para ali viver sob a obediência dos romanos. Isso porque ele estava informado de que os piratas tinham novecentas velas e mais de quinhentas cidades nas costas de mar e tinham todo o mar sob seu poder, de modo que era impossível para os governantes aportar nas províncias e para os mercadores comerciar. Uma potência tão grande não podia ser derrotada sem expor a um perigo extremo o estado do povo romano, cuja majestade permaneceu intacta graças ao tratado. Se ele não tivesse mantido a promessa que havia feito a eles, ou se o senado não tivesse ratificado o tratado, ele teria maculado a honra dos romanos e obscurecido o esplendor de tamanha façanha. Não que eu seja da opinião que se deva dar fé aos ladrões ou recebê-la deles, porque eles não devem ter participação no direito das gentes nem comunicação com ele, como eu disse acima. De fato, quando Tacfarin, chefe de um exército de ladrões na África, enviou embaixadores a Roma para que atribuíssem terras e praças para ele e para os seus, senão ele declararia guerra perpétua aos romanos, o imperador Tibério, tomando isso como contumélia, não quis sequer conceder audiência aos embaixadores[165], dizendo em pleno senado que os antigos nunca quiseram conversar nem tratar de modo algum com o escravo Espártaco, gladiador e chefe dos ladrões por profissão, embora ele tivesse arregimentado até sessenta

---
165 Tácito liv. 2.

mil escravos e vencido já três vezes os romanos em batalha campal, e depois que ele foi vencido por Crasso todos aqueles que escaparam foram enforcados. Esse é um argumento muito certeiro de que se deve observar a fé dada aos ladrões, uma vez que ela foi dada.

Feito memorável do imperador Augusto

Mas não há exemplo mais belo que o do imperador Augusto, que mandou publicar ao som das trombetas que daria 25 mil escudos àquele que entregasse Crócotas, chefe dos ladrões na Espanha. Este, tendo sido avisado disso, foi ele mesmo entregar-se a Augusto e pediu os 25 mil escudos. Augusto mandou pagá-los a ele[166] e além disso concedeu-lhe sua graça para dar exemplo de que se deve observar a fé sem levar em consideração se aquele que a recebeu merece-a, pois sempre é questão da honra de Deus e da República. É verdade que há uma grande diferença entre a fé dada ao ladrão, ao amigo, ao inimigo e ao súdito. O súdito, que deve manter a honra, o patrimônio e a vida do seu Príncipe soberano, se for pérfido e desleal para com ele, se receber garantia ou vier a capitular com ele, e se vir rompidas as promessas feitas a ele, não tem tanta oportunidade de se queixar quanto os ladrões, se estes não forem súditos. Assim, a legião dos ladrões búlgaros que vieram à França para aqui ficar receberam promessa do rei Dagoberto, que viu que era arriscado querer dispersar subitamente tal companhia de pessoas perdidas e desesperadas. Porém, logo depois, no dia e ao sinal combinados, eles foram mortos.

O Príncipe que dá fé ao súdito deve observá-la

Todavia, a dificuldade é muito maior se o Príncipe soberano capitula com seus amigos ou inimigos e que seus súditos rebeldes perante sua majestade estão incluídos no tratado. Muitos duvidaram se o Príncipe manteve a promessa ou perseguiu os súditos como rebeldes, se o inimigo foi ofendido e se a garantia foi dada ou se com isso as tréguas foram infringidas. Isso ocorre com frequência e é a coisa que mais prejudica os Príncipes, como diz Tito Lívio do rei Felipe da Macedônia[167]: *Una res Philippum maxime angebat, quod cum*

---

[166] Díon liv. 56.
[167] Liv. 39.

leges a Romanis victo imponerentur, saeviendi jus in Macedonas, qui in bello ad se defecerant, ademptum erat. Sustento que o tratado é infringido nesse caso e que o inimigo ou o Príncipe que estipulou a garantia dos súditos de outrem pode ressentir-se justamente, ainda que o súdito seja culpado em primeiro grau de lesa-majestade. Assim, os barões de Nápoles foram a Nápoles até o rei Fernando sob a garantia do Papa, senhor soberano de Nápoles, dos venezianos, do rei da Espanha e dos florentinos, que tinham se obrigado especialmente e tinham jurado fazer com que o tratado fosse observado. No entanto, os barões foram todos feitos prisioneiros por Fernando rei de Nápoles, que mandou matá-los todos, embora tivesse recebido todos eles sob a garantia dele e de seu pai, além daqueles que mencionei. Mas não há contravenção ao tratado se algum particular persegue o interesse que tem contra aqueles que estão incluídos no tratado se houver promessa expressa de que ele não tolerará que se mova processo algum contra eles por coisa cometida antes do tratado, ou então que lhes seja dada em termos gerais a garantia de irem para suas casas, caso em que terão também a garantia de retornar delas. Pois a cláusula geral em termos gerais tem a mesma força que a cláusula especial no caso especial, que não se estenderia além dos lugares, do tempo, das pessoas e do caso expressamente estipulados no tratado ou salvo-conduto.

Leão X cometeu perjúrio para se vingar

Todavia, o papa Leão X não levou isso em consideração quando deu salvo-conduto e fé a Paul Baillon (que havia expulso seu sobrinho de Perugia), pois quando este veio a Roma foi feito prisioneiro e sofreu processo não somente pela rebelião, mas também por vários crimes pelos quais foi indiciado e condenado à morte. A história registra que o papa havia dado a fé tanto a ele quanto a seus amigos em geral. É verdade que eram todos seus vassalos. Ele fez o mesmo com o cardeal Alfonso de Siena, indiciado por ter tentado envenená-lo, e a fim de atraí-lo para a armadilha ele deu-lhe fé, assim como ao embaixador da Espanha, em nome do Rei Católico. No entanto, assim que ele chegou em Roma sofreu processo. Diante disso, o embaixador da Espanha reclamou veementemente, mas o papa, que não tinha falta de jurisconsultos, respondeu-lhe que o salvo-conduto nunca comporta garantia, por mais amplo que seja, se o crime cometido não for especificado explicitamente. Logo depois, o cardeal foi estrangulado na prisão. Seu sucessor Clemente VII pagou quase com a mesma moeda os florentinos e o embaixador da Espanha, aos quais ele havia prometido conservar a liberdade do estado dos florentinos. Assim que ele tomou a cidade, ele entregou-a ao bastardo de seu irmão, que mandou matar os maiores depois de ter banido e confiscado vários deles, dizendo que o crime de lesa-majestade sempre é excetuado, o que era uma desculpa frívola e ridícula, visto que ele nunca havia sido senhor de Florença. Mas ambos podiam dizer ao embaixador da Espanha que ele não tinha interesse em saber se eles haviam rompido a promessa, pois o embaixador não podia estipular garantia nem salvo-conduto para um estrangeiro em nome de seu senhor sem ter encargo especial, como dissemos acima.

Contudo, o mais seguro é, em todos os tratados, estipular expressamente o número e qualidade dos juízes para os diferendos que podem surgir entre os aliados, de modo que o número seja igual em ambas as partes, com poder para os árbitros de nomear um superárbitro para resolver os diferendos resultantes do tratado, como se fez no tratado entre os quatro primeiros cantões que se aliaram em 1481, no qual foi dito no quarto e quinto artigo que, para os diferendos, se procederia por partes iguais. E no tratado de aliança hereditária entre a casa de Áustria e os 12 cantões, os bispos da Boêmia e de Constança são nomeados. Mas no tratado feito entre o rei da França e os suíços em 1516, o artigo XVII dispõe que, para os diferendos, cada parte elegerá dois árbitros, e se eles não puderem chegar a um acordo o solicitante elegerá um quinto superárbitro de Valais ou de Coira, que não terá poder para mudar os pareceres, mas para seguir uma das opiniões. Porém, dever-se-ia fazer com que o quinto fosse eleito pelos quatro, já que os particulares da Suíça eram sempre solicitantes e nomeavam quem bem queriam, de modo que o rei, nos dias de feira, perdia todos os processos.

Um outro ponto que enganou muito e continua a enganar os Príncipes é tratar com os embaixadores, deputados ou lugares-tenentes sem encargo especial, pois qualquer promessa de ratificação que eles façam nunca tem garantia, pois o Príncipe que promete permanece obrigado do seu lado, e o outro permanece sempre livre para aceitar ou rejeitar as condições do tratado. Todavia, acontece alguma coisa que faz mudar tudo, como aconteceu com os samnitas e numantinos e, sem ir tão longe, com o rei da França Luís XII, que tratou a paz com o arquiduque Felipe, de passagem pela França em 1503 em virtude de uma comissão muito ampla que ele recebera do seu sogro, prometendo ademais fazer com que ele a ratificasse. Contudo, Ferdinando esperava o desfecho dos negócios de Nápoles, onde foram travadas duas batalhas, nas quais os franceses foram vencidos e expulsos do reino. Então não houve mais notícia de que Ferdinando ratificaria o tratado feito com o rei da França, alegando que o arquiduque não tinha encargo especial. É preciso pelo menos que seja prefixado o prazo dentro do qual a ratificação deve ser feita, com cláusula resolutiva na falta desta última, pois em matéria de estado e de tratados entre Príncipes e Repúblicas a ratificação tácita não é segura. Foi essa a causa pela qual foi rompido o tratado de Brétigny, que Carlos V regente da França não havia ratificado, a respeito da soberania da Guyenne. Foi o mesmo motivo pelo qual os de Cartago tiveram que romper a paz entre eles e os romanos, pois após a primeira guerra eles fizeram dois tratados: no primeiro todos os aliados de ambos os povos estavam incluídos somente em geral, e foi dito que o tratado feito com o cônsul Lutácio valeria se o povo romano o considerasse aceitável. Porém, ele não quis ratificá-lo, de modo que o povo romano enviou comissão expressa e os artigos que queria suspender. Asdrúbal, capitão-geral dos cartagineses, concordou com eles, e nesse tratado os saguntinos estavam incluídos especialmente como aliados dos romanos. Mas o tratado não tinha sido expressamente ratificado pelos cartagineses, que foi o ponto no qual o senado de Cartago se deteve para sustentar que Aníbal podia fazer guerra contra os saguntinos. Todavia, como os cartagineses observaram todas as outras cláusulas do tratado feito por seu capitão, eles o ratificaram de fato, que vale mais que a palavra.

Portanto, é mais seguro não concluir nada sem encargo especial ou ratificação expressa, pois nunca faltam desculpas e sutilezas para encobrir sua lealdade. Assim, os flamengos, temendo pagar dois milhões de florins à câmara do Papa, como estava acordado no tratado de paz caso eles se rebelassem contra o rei da França, aconselharam o rei da Inglaterra Eduardo III a proclamar-se rei da França, para então pegar em armas em nome dele, o que foi feito. Os outros jogam com as palavras, como o rei Luís XI, que, fingindo recorrer ao bom conselho de Luís de Luxemburgo condestável da França, disse que agia segundo sua vontade. E Carlos V imperador jogou ainda melhor com uma letra da palavra *Evich*, na qual a letra *v* significa afirmação e *n* negação, de modo que, ao exigirem que cumprisse sua promessa, ele tomou *n* por *v* e manteve o landgrave de Hesse e o duque da Saxônia prisioneiros. Mas George Cornare encontrou ainda uma interpretação mais sutil ao ver que não havia oportunidade para romper o tratado feito com o rei da França, pois disse que o tratado havia sido feito com o rei para a conservação dos seus estados e não para recobrá-los se os perdesse.

Quando não há mais desculpa, o mais forte em matéria de estado não deixa sempre de ganhar e o mais fraco está errado, como Atabalipa rei do Peru, quando era prisioneiro de Francisco Pizarro capitão espanhol, prometeu o montante de dez milhões e trezentos mil ducados para o seu resgate, que ele pagou. Os espanhóis, tendo decidido matá-lo, disseram-lhe que não havia meio de colocá-lo em liberdade se ele não se fizesse cristão. Para salvar sua vida ele se deixou batizar, embora o fizesse com grande pesar. Todavia, os espanhóis o mataram depois de processá-lo, sem levar em consideração a fé nem os juramentos que haviam feito. Assim fez o bom italiano que, tendo levado vantagem sobre seu inimigo, colocou-lhe a adaga sobre a garganta e mandou que pedisse perdão pelas injúrias que tinha recebido, o que foi feito; depois disse-lhe que o mataria se ele não renegasse Deus, o que também foi feito; e mandou-lhe repetir essa blasfêmia várias vezes, acrescentando estas palavras "E de bom coração"; tendo dito isso, então ele matou o renegador de Deus, dizendo que tinha se vingado do corpo e da alma. Eis a recompensa que recebeu o renegador de Deus por ter colocado sua salvação na promessa de um assassino. Ora, quanto mais estranhos e novos juramentos existem, menos segurança se vê.

Forma dos juramentos

No tratado feito entre o rei Luís XI e Carlos duque da Borgonha em 1475 o rei jurou primeiramente com palavra de rei, depois pela fé do seu corpo, e pelo seu Criador, e pela fé e lei que tinha recebido no seu batismo, e pelos Evangelhos, e pelo cânone da missa, e enfim pela vera cruz. Bem se sabe o que ocorreu logo depois. Mas o conde Saint-Paul não quis confiar nisso tudo quando o rei lhe deu salvo-conduto se este não jurasse pela vera cruz de Angers, o que ele não quis fazer pois tinha decidido mandar matá-lo e temia sobretudo essa cruz, pela qual ele havia jurado quando o senhor de Escut o exigiu antes de entrar para o seu serviço, e manteve seu juramento. O mesmo foi feito no tratado de paz entre o rei da Navarra e o regente Carlos de França, enquanto o bispo de Lizieux disse a missa numa tenda armada entre os dois exércitos e recebeu o juramento pela hóstia. Para garantir mais ainda o tratado, o bispo dividiu a hóstia em duas e entregou metade ao rei da Navarra. Ele não quis aceitá-la, alegando que já havia almoçado, e o regente tampouco quis aceitá-la. Os antigos faziam uso de sacrifícios e efusão de sangue com várias imprecações e execrações contra os infratores da aliança. Também os reis da Pártia e da Armênia, quando entravam em liga ofensiva e defensiva, amarravam seus polegares e tiravam sangue, sugando-o um depois do outro[168]. Em caso semelhante, o rei de Calange, nas Índias Orientais, ao tratar aliança com os portugueses tirou sangue de sua mão esquerda e tocou com ele sua face e sua língua.

Se o Príncipe for desleal, não se deve nunca levar em conta seu juramento

Mas não há garantia em todos esses juramentos se o Príncipe for desleal. E se ele for íntegro, sua simples palavra deve ser lei para ele, e sua fé um oráculo, e ele deve jurar pelo Deus eterno[169], porque é somente ele que pode não apenas vingar os infratores da fé, mas também aqueles que zombam do seu nome, e não aqueles que não têm poder nem preocupação com as coisas humanas. Era o que os trinta embaixadores de Cartago temiam quando os romanos concordaram em dar-lhes a paz. Houve um antigo senador que conhecia a perfídia púnica e perguntou-lhes em pleno senado por quais deuses eles queriam jurar. Eles responderam que queriam jurar pelos próprios deuses que tinham vingado tão severamente a deslealdade. No entanto, aquele que crê zombar de Deus ou ofendê-lo zomba tanto dele quanto se zombasse do verdadeiro Deus. Assim, os Príncipes partidários das casas de Orléans e da Borgonha juraram seis tratados de paz em menos de doze anos e nenhum deles foi observado, como lemos nas nossas histórias. E como de todos os tratados feitos entre os Príncipes não há nenhum que precise de mais garantia e que menos se possa manter do que aquele feito com o súdito que conjurou contra seu Príncipe, serei da opinião, nesse caso, que o tratado seja feito com os Príncipes vizinhos para garantir os súditos ou então deixar o país.

---

[168] Tácito liv. 4.
[169] Deuteronômio 19, Jeremias 5 e 12.

A forma de capitular entre o Príncipe e o súdito

E se me disserem que o súdito não deve obter salvaguarda contra seu senhor, como foi julgado por sentença do Parlamento a favor do conde Du Tonnerre, eu o admito, mas digo que os súditos devem desistir ou proceder assim quando lidam com um Príncipe soberano. Pois não há nada que seja mais contrário à vontade dos Príncipes que capitular com seus súditos por força e manter as promessas feitas a eles. Luís o deu a entender claramente ao duque de Nemours, ao conde Saint-Paul, ao duque da Bretanha, ao conde de Armignac e a todos seus súditos rebeldes, os quais mandou matar quase todos, e a história de Flandres inclui entre eles seu próprio irmão. E não faz muito tempo que o irmão mais novo do rei de Fez sitiou o rei seu irmão com um exército e obrigou-o a fazer a paz nas condições que ele queria, e logo depois entrou no castelo com poucas pessoas para prestar-lhe homenagem. Porém, ele foi subitamente estrangulado por ordem do rei e jogado pela janela diante do seu exército, o qual, tendo perdido seu chefe, rendeu-se no mesmo instante. Também o conde de York, que havia conspirado contra Henrique VI rei da Inglaterra, depois que obteve a vitória fez acordo com ele à condição que, depois da sua morte, a coroa coubesse à casa de York, que o príncipe de Gales ficasse alijado dela e que enquanto isso ele seria regente da Inglaterra. Mas logo depois, quando ele foi capturado, foi decapitado junto com seu acordo, com uma coroa de papel na cabeça. Não se deve estocar o leão com tal força a ponto de tirar-lhe sangue, pois ao ver seu sangue e sentir a dor ele se vingará se tiver liberdade.

Eu gostaria de não ter tantos exemplos que se viu de memória nossa, mas quando digo que é necessário que os Príncipes vizinhos e aliados sejam incluídos como garantes no tratado feito entre um Príncipe e seus súditos, não quero dizer que seja lícito aos Príncipes estrangeiros fazer com que se revoltem os súditos de outrem a pretexto de proteção ou amizade. De fato, a origem de todas as guerras entre o rei e o Imperador Carlos V foi para a proteção de Robert de la Marche, que o rei francês acolheu, como o sr. Du Bellay narrou muito bem. Contudo, o Príncipe sábio pode e deve intervir para conciliar o súdito de outrem com seu Príncipe. Se ele souber que o tratamento ultrajante de um tirano para com seus súditos é irreconciliável, ele deve assumir a proteção deles com coração altivo e generoso, como fazia o grande Hércules, que adquiriu reputação e loa imortais por ter assumido a proteção dos povos afligidos contra a violência e crueldade dos tiranos, que as fábulas chamam de monstros, que ele ia combatendo por todo o mundo, como também faziam os antigos romanos. E sem ir mais longe, o rei Luís XII assumiu a proteção dos Bentivoglio, das casas de Ferrara e de Miranda contra a opressão do papa Júlio II, mas mandou inscrever no tratado de proteção que fazia isso sem prejuízo dos direitos da Igreja romana. Pelo mesmo motivo o rei Henrique II assumiu a proteção de vários Príncipes da Alemanha para a liberdade do Império e manteve a liga das cidades marítimas, que o Imperador se esforçava para romper a fim de transformar o Império em reino.

De outro modo, os Príncipes que fazem com que os súditos de outrem se rebelem a pretexto de proteção (que deve ser como a âncora sagrada dos povos injustamente tiranizados) abrem a porta da rebelião aos seus súditos e põem seu estado em perigo extremos por causa de outrem, com opróbrio e desonra perpétuos. Por isso, uma das principais cláusulas de todos os tratados feitos entre os Príncipes é que uns não assumirão a proteção dos súditos dos outros. E a única causa que impediu o tratado de paz entre o rei Antíoco, o Grande, e Ptolomeu rei do Egito foi a proteção de Aqueu, que de governador da Ásia tinha se tornado rei e a havia tomado do seu Príncipe soberano, como diz Políbio. Por essa causa Sigismundo Augusto rei da Polônia, para obter a paz com o rei da Moscóvia, foi obrigado a abandonar a proteção de Riga na Livônia. E embora se diga que é lícito ao vassalo isentar-se da sujeição ao seu senhor se for maltratado, isso se aplica ao vassalo que tem recurso ao seu senhor soberano, e não ao vassalo leal, que depende diretamente e sem intermediário de outro vassalo, que aliás pode ser soberano. Assim, os súditos da Guyenne e de Poitou rebelaram-se justamente contra o rei da Inglaterra, vassalo do rei da França, por causa da denegação de justiça que aquele lhes fazia. Por essa causa ele foi privado dos feudos que possuía aquém-mar, segundo o direito comum, embora muitos se contentem em retirar a jurisdição. E de fresca memória os genoveses expulsaram o marquês de Final do seu estado mediante reclamação dos súditos, que eles acolheram em proteção, mas sustentaram diante do Imperador que aquele era vassalo deles.

De outra forma, qualquer um poderia usar como pretexto um mau tratamento e revoltar-se contra seu senhor, colocando-se sob a proteção ou sujeição de outrem. Assim, alguns súditos do duque da Saboia, que estavam há trinta anos mais ou menos sob a senhoria dos bernenses, ao ver que queriam colocá-los novamente sob seu antigo senhor, suplicaram insistentemente aos bernenses que não os abandonassem, devido ao mau tratamento que temiam. Porém, seu pedido foi recusado, como pude ver nas cartas do embaixador Coignet. Embora aquele que é banido por seu Príncipe possa ser acolhido por outro Príncipe em proteção ou em sujeição sem infringir a cláusula do tratado que proíbe acolher os súditos de outrem em proteção, visto que os banidos perpétuos não são mais súditos, se os banidos quiserem empreender algo contra seu antigo senhor o Príncipe que os acolheu deve expulsá-los. Por essa causa os estados do Império enviaram embaixadores ao rei da França para pedir-lhe que não acolhesse sob sua proteção o marquês Alberto de Brandenburgo, banido por sentença da câmara imperial. O rei respondeu no mês de agosto de 1554 que, embora a casa de França houvesse sempre sido o esteio dos Príncipes afligidos, ele não faria favor algum ao marquês contra o Santo Império.

 Todavia, se o Príncipe que sobrepuja os outros em poder ou em dignidade estiver bem informado que o súdito de outrem é tiranizado, não somente ele deve acolhê-lo sob sua proteção, mas também isentá-lo da sujeição de outrem, como a lei subtrai o escravo ao poder do senhor cruel. Mas é mais conveniente isentar o súdito da sujeição de outrem e colocá-lo em plena liberdade que sujeitá-lo a si próprio, como os romanos fizeram com toda a Grécia e a Macedônia, que subtraíram ao poder dos reis para deixá-los gozar da sua liberdade. Assim fez o papa Agapito, que isentou os sucessores de Gautier d'Ivetot da sujeição aos reis da França porque o rei Lotário o havia matado com sua própria mão em plena igreja no momento em que ele lhe pedia perdão. Para dar exemplo aos outros Príncipes para não usarem tais crueldades para com seus súditos e por causa de crueldade semelhante, Henrique rei da Suécia foi expulso de seu estado por seus próprios súditos em 1567. Porém, julgou-se muito estranho que o papa João XXII fizesse inserir no tratado de paz feito entre Felipe, o Comprido, rei da França e os flamengos, para a garantia do tratado e dos súditos, que se o rei infringisse o tratado seus súditos pegariam em armas contra ele. Os príncipes e barões da França opuseram-se a isso e mandaram riscar a cláusula. É ainda mais estranho que isso tenha vindo da boca de um papa francês, súdito natural da França, que havia sido chanceler.

Mas o Príncipe pode jurar que, se infringir o tratado feito por ele, não exigirá que seus súditos lhe obedeçam, como se fez no tratado de Arras e se fazia entre os primeiros reis desse reino. Assim, no tratado entre os irmãos Luís e Carlos, o Calvo, o juramento que cada um prestou tinha esta condição: "Se ocorrer, Deus não queira, que eu falte com a minha palavra, eu vos absolvo todos da fé que me deveis". Luís foi o primeiro a jurar em língua românica as palavras que seguem, que o presidente Faucher, homem muito entendido inclusive nas nossas antiguidades, mostrou-me em Guytard, historiador e príncipe do sangue: *Pro Deo amur, et pro Christian poblo et nostro commun saluamen dist di en avant, inquant deus, sauir et podir me dunat, si saluerio cist meon fradre Karle, et in adjudha et in caduna causa si com om por dreit son fradre saluar dist, ino qui id un altre si faret. Et abludher nul plaid nunquam prindrai qui meon vol cist, meon fradre Karle in damno sit.* O que significa: "Pelo amor de Deus e do povo cristão e de nossa salvação comum, deste dia em diante enquanto Deus me der saber e poder, socorrerei este meu irmão Carlos, em sua ajuda e em cada coisa tal como um homem deve por direito salvar seu irmão, e não como se um outro o fizesse. E não terei querela com ele no que depender de minha vontade, se meu irmão Carlos não me causar dano". Findo esse juramento pelo rei Luís, o rei Carlos disse essas mesmas palavras em língua tedesca tal como segue: *In God est,* etc. Depois os dois exércitos e os súditos dos dois Príncipes juraram assim: *Si Ludovigs sagrament que son fradre Carlo jurat, conservat, et Carlus meosender de suo par non lo staint si jo retournar non luit pois ne io ne veuls cui eo retournar me pois, in nulla adjudha contra Ludovig,* ou seja: "Se Luís mantiver a promessa feita a seu irmão, e Carlos meu senhor de sua parte não a mantiver, se eu não o puder persuadir não quero retornar com ele em paz nem prestar-lhe obediência alguma". Os súditos de Carlos, o Calvo, juraram em língua românica e os súditos de Luís em alemão.

Se um dos povos aliados deve prestar socorro àquele que não é aliado contra seu aliado que o oprime injustamente

Mas para retornar ao nosso assunto, é arriscado assumir a proteção de outrem, até daqueles que estão em sujeição dos Príncipes aliados, a não ser com justa causa; mais estranho ainda é deixar seus aderentes em perigo.

Mas pode-se duvidar se o Príncipe pode assumir a defesa de outro Príncipe injustamente oprimido sem infringir o tratado de aliança se o Príncipe que sofre a injúria não estiver incluído no tratado. Pois é certo que se pode ajudar os aliados particulares e os aliados comuns se forem ofendidos por um dos aliados, mas aquele que não está compreendido no tratado de aliança não pode ser defendido contra aquele que é aliado sem infringir o direito de aliança. Por outro lado, também é coisa que parece muito cruel deixar um pobre Príncipe à mercê do mais poderoso que o ultraja e se esforça para roubar seu estado. Essa dúvida causou muita dificuldade para o senado romano, pois os capuanos, atacados e oprimidos injustamente pelos samnitas, recorreram aos romanos, que estavam dispostos a ajudá-los. Acrescente-se que eles tinham certeza que os samnitas seriam demasiado poderosos e insuportáveis se conquistassem a senhoria de Cápua, e que isso era a alavanca para sujeitar os romanos. Não obstante, foi resolvido e decidido no senado que não se prestaria socorro aos capuanos, dado o tratado de aliança jurado com os samnitas: *tanta utilitate*, diz Tito Lívio, *sides antiquior fuit*. Citarei palavra por palavra a resposta dada aos embaixadores, que é digna de ser gravada em letras de ouro[170]: *Legatis Campanorum auxilia contra Samnites petentibus Consul ex authoritate Senatus ita respondit: Auxilio vos Campani dignos censet Senatus: sed ita vobiscum amicitiam institui par est, ne qua vetustior amicitia ac societas violetur. Samnites nobiscum fœdere juncti sunt: itaque arma, deos prius quam homines violatura, adversus Samnites vobis negamus: legatos, sicut fas est, precatum ad socios mittemus, ne qua vobis vis fiat.* Os embaixadores de Cápua tinham recebido ordem secreta de oferecer a sujeição de Cápua aos romanos caso estes não quisessem prestar socorro, e vendo que haviam sido repelidos fizeram estas ofertas: *Quandoquidem nostra tueri non vultis, vestra certem defendetis: itaque populum Campanum, urbemque Capuam, agros, delubra deum, divina, humanaque omnia in vestram P.C. populique Romani ditionem dedimus: tum jam fides agi visa, deditos non prodi.*

    Nisso fica claro que foi resolvido que nunca se deve prestar socorro ao estrangeiro contra os aliados, salvo no caso em que ele se torna súdito daquele a quem pede socorro, pois então cada um é obrigado a defender os seus súditos. Se os atenienses tivessem dado a mesma resposta aos corcireus que lhe pediam socorro contra os coríntios seus aliados, eles não teriam

---

[170] Lívio liv. 7.

caído numa guerra que inflamou toda a Grécia por 28 anos e só terminou com a ruína dos atenienses, que foram sujeitados pelos lacedemônios como mereciam, por mais que alegassem sob pretexto de justiça que a aliança deve cessar se um dos aliados faz injustamente guerra a um estrangeiro, pois se tal interpretação fosse válida nunca haveria tratado de aliança que não fosse infringido. Os senhores das ligas derrogaram isso por meio do tratado feito com a casa de França em 1521, no qual os antigos aliados foram excetuados. Mas havia uma cláusula derrogatória contendo estas palavras: "Se os antigos aliados fizessem guerra ao rei da França", que era a principal do tratado.

Mas pode ocorrer que, de três Príncipes aliados, um faça guerra ao outro e peça socorro ao terceiro. Nesse caso há várias distinções. Se o tratado de aliança for apenas de amizade, é certo que ele não está obrigado a prestar socorro. Se o tratado comportar aliança defensiva, ele deve socorro ao aliado mais antigo por aliança precedente. Se os aliados forem simultâneos, ele deve socorro àquele que é aliado em liga ofensiva e defensiva. Se a liga for ofensiva e defensiva de todos os lados, ele não deve socorro nem a um nem ao outro, mas pode mediar a paz e fazer com que o diferendo seja julgado pelos aliados comuns, como é costume fazer, e denunciar aquele que não quiser entrar em arbitragem, ou que tendo entrado nela não quiser aceitar o julgamento. Nesse caso ele prestará socorro ao outro, como consta expressamente do tratado de Stance feito entre os oito cantões. Não se deve recusar a arbitragem, como fez Henrique rei da Suécia nos diferendos que ele tinha com o rei da Dinamarca, que ofereceu acreditar Henrique II rei da França. O rei da Suécia disse que era rei tão grande quanto os outros. Vemos que os romanos, embora fossem os mais poderosos em todas as coisas, oferecíam sempre entrar em arbitragem e acreditar os aliados comuns. *Romanus legatus*, diz Tito Lívio, *ad communes sucios vocabat*. E se não é lícito pela lei da guerra que alguém seja submetido ao combate quando houver prova, que injustiça seria tolerar que dois Príncipes e dois povos entrem em guerra se o terceiro pode conciliá-los ou fazer contrapeso, unindo-se àquele que sofreu o dano? Não seria agir sabiamente tolerar que a casa de seu vizinho queime quando se pode apagar o fogo com a honra a salvo.

Mas parece que, para evitar esses perigos, o mais seguro é limitar as alianças a um certo prazo, para que seja lícito aos aliados retirar ou acrescentar algo aos tratados ou deixar a aliança se julgarem mais conveniente para eles, principalmente entre os estados populares e senhorias aristocráticas, que nunca morrem. Pois quanto aos Príncipes, qualquer tratado que fizerem não pode obrigar seus sucessores, como dissemos acima, embora os Príncipes, ao negociar alianças com as senhorias e comunidades populares, tenham o costume de estender o prazo da aliança para além da morte dos Príncipes, como foi feito no tratado de aliança feito entre os senhores das ligas e o rei Francisco I, no qual o prazo foi limitado à vida do rei e cinco anos depois. Em seguida sempre se procedeu assim, pois está ao arbítrio do sucessor aderir à liga ou deixá-la. Acrescente-se que o juramento é pessoal por natureza e não pode, propriamente falando, ser feito em nome do sucessor.

    Todavia, dir-me-ão que a primeira cláusula de todos os antigos tratados de aliança e amizade, que faziam os romanos com os outros povos e senhorias, era que eles seriam perpétuos, e que é mau presságio limitar a amizade a um certo prazo, visto que as inimizades devem ser mortais e as amizades imortais. Por essa causa os hebreus chamam as fortes alianças e tratados bem assegurados de tratados de sal[171], porque não há nada que seja mais perpétuo e incorruptível que o sal, assim como chamam também uma estátua perpétua de estátua de sal[172], e não que a Escritura entenda que a estátua da mulher de Lot fosse de sal, como muitos pensam. Sustento, porém, que não há nada que dê mais ensejo a romper os tratados do que torná-los perpétuos, pois aquele que sente que é prejudicado pelo tratado têm toda razão para deixá-lo, visto que o prejuízo é perpétuo. Se o prazo for limitado, ele não tem do que se queixar. Além disso, é muito fácil prorrogar as alianças e amizades já fundadas e renová-las antes que o prazo prefixado expire, tal como sempre se fez com os senhores das ligas há cinquenta anos. Mesmo que se esteja seguro da amizade perpétua e que não haja prejuízo nenhum, as amizades esfriam e precisam amiúde serem renovadas e inflamadas novamente por novos tratados. É por isso que, no tratado de comburguesia dos valesianos com os cinco pequenos cantões, consta no último artigo que as alianças serão renovadas de dez em dez anos, e no tratado de aliança dos oito cantões feito em 1481 está dito que de cinco em cinco anos as alianças serão renovadas. Os romanos juraram aliança e amizade perpétua com os habitantes de Laurent, e mesmo assim

---

[171] Números 18.
[172] Gênese 19.

todos os anos elas eram renovadas. *Cum Laurentibus,* diz Tito Lívio, *renovari fœdus jussum, renovaturque ex eo quotannis post diem decimum Latinarum.*

Tratados entre os reis da França e da Espanha

Em caso semelhante foi feito tratado de aliança e amizade perpétua em dezembro de 1336 entre Felipe de Valois e Alfonso rei de Castela, depois renovado entre o rei João e Pedro rei de Castela em 1352 e entre Carlos V rei da França e Henrique rei de Castela em 1369, embora não houvesse nenhum deles que não fosse perpétuo entre os aliados e todos os seus sucessores. O mesmo se fez entre as casas de Escócia e de França há trezentos anos, que permaneceram em boa aliança e amizade perpétua até o ano de 1556.

Ainda há outra razão para limitar o prazo das alianças, que é a cláusula ordinária inserida em todos os tratados de aliança ofensiva e defensiva, a saber, não celebrar paz, nem trégua, nem suspensão de armas com os inimigos comuns ou aqueles que não estão incluídos nos tratados sem o consentimento de todos os aliados ou da maioria deles. Se um dos aliados não quiser consentir, será preciso que o outro se torne inimigo perpétuo e irrevogável se a aliança tiver duração perpétua, coisa que infringe as leis divinas e humanas; e se o motivo das inimizades cessar, é preciso que a paz possa ser celebrada sem prejuízo para os aliados. Por isso vemos que essa cláusula é muito mal executada, pois pouco importa que aquele dentre os aliados que quer deixar a liga peça o consentimento dos outros, que às vezes o concedem tão secretamente que não se pode descobrir, e o negócio é concluído e decidido, e no mais das vezes foge-se do impasse para abandonar o aliado aos inimigos.

Tratado de Chambord

Temos um exemplo bastante significativo em nossa memória, o do tratado de Chambord feito em 1552 entre o rei da França de um lado e o duque Maurício, o marquês Alberto e o landgrave de Hesse de outro lado. Consta no artigo XXII que aquele dentre os aliados que celebrar paz, acordo ou práticas secretas com o Imperador ou seus aderentes sem o consentimento dos outros aliados será considerado perjuro e punido sem nenhuma remissão na presença de todo o exército.

Os Príncipes do Império sob a proteção do rei da França

Todavia, seis meses depois o eleitor Maurício firmou o tratado de Passau com o Imperador sem avisar o rei Henrique, chefe da liga, e sem incluí-lo no tratado. Ao saber disso, o marquês Alberto exclamou em voz alta que era uma manobra muito covarde e traiçoeira, e chamou o duque de traidor e pérfido com relação à sua pátria, ao Imperador e ao rei da França. Não obstante, ele fez ainda pior que seu companheiro, pois após ter obtido grande soma de dinheiro junto ao rei bandeou-se para o lado do Imperador e fez guerra aberta ao rei.

Por que o marquês Alberto foi chamado de doutor

Por isso, os soldados imperiais chamavam Maurício de bacharel e Alberto de doutor, por terem realizado tão belas façanhas. E de fresca memória a senhoria de Veneza celebrou a paz com o sultão Selim tão secretamente que ela foi publicada em Constantinopla, por ocasião da vinda do embaixador da França, antes que qualquer um dos aliados da Santa Liga fosse avisado, embora estivesse expressamente estipulado no tratado que nenhum dos aliados poderia celebrar paz nem trégua com o Turco sem o consentimento expresso de todos os outros. Os antigos romanos também, quando lidavam com pessoas de má fé, não celebravam a paz facilmente, mas apenas uma trégua por longos anos, como fizeram com os veientes[173]: *Veientibus pacem petentibus in annos centum induciae datae*. E em outro lugar[174]: *Induciae Veientibus pacem petentibus in annos XL. datae*. E em outro[175]: *cum populo Cerite inducias in centum annos factas*. E em outro ainda[176]: *Hetruriae populi pacem petentes in annos XXX. inducias impetrarunt*. Pois as tréguas são sempre mais sagradas e menos violáveis que a paz.

Se considerarmos com atenção o destino daqueles que infringiram as tréguas, veremos que ele foi miserável, e com frequência causa da ruína total das Repúblicas. Os romanos sempre puniram severamente os infratores das tréguas e violadores da fé. Mostraram o primeiro exemplo na pessoa de

---

[173] Lívio liv. 1.
[174] Liv. 2.
[175] Liv. 7.
[176] Liv. 9.

Metius, ditador dos albaneses, que foi desmembrado por quatro cavalos, e na cidade de Alba arrasada, no povo dos veientes exterminado por ter se rebelado sete vezes contra o teor das tréguas, na cidade de Cartago reduzida a cinzas, no povo de Cápua morto em sua maioria e o restante feito escravo, em todos os habitantes de Corinto massacrados e sua cidade reduzida a cinzas, nos samnitas exterminados por terem rompido a paz sete vezes, como lemos em Tito Lívio e Estrabão, e em infinitos outros que seria impossível enumerar com pormenores e que dão testemunho perpétuo dos julgamentos de Deus contra os Príncipes covardes e pérfidos e os povos infratores da fé, que zombam dos juramentos. Quanto aos súditos pérfidos e rebeldes, nunca ficavam impunes[177]: *In Veliternos, veteres cives, graviter saevitum, quod toties rebellassent, muri disjecti, senatus abductus.* Depois da Segunda Guerra Púnica, os súditos traidores dos romanos foram excetuados: *Perfugae*, diz Tito Lívio[178], *bello Punico CCCLXXI. Romam missi, virgis in comitio caesi, et de saxo dejecti.* Se os inimigos que tinham entregue reféns infringiam os tratados, mandava-se executar publicamente os reféns, como aconteceu com trezentos reféns dos volscos que foram executados[179], e em caso semelhante os reféns dos tarentinos, *fugientes retracti, ac virgis diu caesi de Tarpeio, dejecti sunt*, diz Tito Lívio[180]. Porém, depois que romper juramentos virou profissão, teve-se mais escrúpulo de mandar matar os reféns, como Narses, que perdoou os reféns dos luqueses, que tinham faltado com sua palavra[181], e Carlos duque da Borgonha, que soltou os reféns de Liège (que ele poderia ter mandado matar justamente, apesar do que diz Felipe de Commines) e estes imediatamente lhe fizeram nova guerra, pois eram trezentos condenados à pena capital.

Contudo, não quero dizer que os romanos, tendo sido enganados várias vezes pela deslealdade dos estrangeiros, tenham perdido muito de sua antiga integridade e esplendor. Isso começou a ser percebido quando venceram a Grécia, que era muito difamada por causa de perfídia e deslealdade, pois Tito Lívio[182], ao falar dos embaixadores enviados à Grécia quando relataram o

---

177 Lívio liv. 8.
178 Liv. 24.
179 Dionísio de Halicarnasso liv. 6.
180 Lívio liv. 35.
181 Procópio, Belli Gothici liv. 1.
182 Liv. 42.

resultado de sua missão em pleno senado, diz assim: *L. Martius, et Attilius Romam reversi, nulla alia re magis gloriabantur, quam decepto per inducias et spem pacis Rege, quae magna pars Senatus probabat: sed veteres moris antiqui memores, novam istam sapientiam improbabant, nec astu magis, quam vera virtute bella gessisse majores, denunciare bella, et saepe locum finire quo dimicaturi essent.* Eles também tinham o costume de renunciar à amizade de seus aliados e amigos que os haviam ofendido, antes de guerrear contra eles: *Veteres*, diz Suetônio[183], *bellum indicturi, renunciabant amicitiam*. Tal costume foi observado entre os particulares até o tempo do imperador Tibério, pois Germânico, ao ser gravemente ofendido por Pisão governador da Síria, mandou dizer-lhe que renunciava à sua amizade. E Henrique V rei da Inglaterra disse por meio de seu embaixador a Luís duque de Orléans que não podia desafiá-lo sem renunciar à amizade e desfazer a aliança com ele. Ainda hoje os irmãos em armas e os Príncipes que não recebem ordem uns dos outros desfazem a aliança antes de fazer a guerra.

Mas os gregos, que tinham ensinado aos romanos seus engodos e deslealdades, foram castigados por isso, como se pode ver em Tito Lívio quando ele diz[184]: *Phocenses cum pacti essent nihil hostile se a Romanis passuros, portas aperuerunt: cum clamor est sublatus a militibus, Phocenses nunquam fidos socios, impune eludere: ab hac voce milites urbem diripiunt. Aemilius primo resistere, captas, non deditas, urbes diripi.* Todavia, os romanos, para corrigir esse erro, deixaram depois a cidade em plena liberdade de seu estado[185] e devolveram o território que haviam tomado. Por isso Políbio, que era natural da Grécia e governador de Cipião, o Africano[186], ao falar dos gregos diz que bastava a palavra entre os romanos, e que na Grécia para cem escudos de empréstimo eram necessários dez tabeliães e o dobro de selos, nem por isso se deixava de romper a fé. Mas é pior quando não há segurança nem em cartas, nem em selos, nem em salvaguardas, como se vê hoje em dia. Nem os embaixadores estão seguros, pois viu-se Rincón e Fregose, embaixadores do rei da França, serem mortos pelos oficiais do imperador Carlos V sem que isso fosse levado à justiça. Ao contrário, os romanos entregaram aos inimigos Minúcio e Mânlio, e

---

[183] No Calígula; Tácito liv. 5; Lívio liv. 36.
[184] Liv. 77.
[185] Lívio liv. 38.
[186] *De militari ac domestica Romanorum disciplina* liv. 6.

noutra vez Fábio e Aprônio, para que os matassem ou dispusessem deles como quisessem, porque tinham ofendido minimamente os embaixadores. Tal era a pena ordinária da lei. Se a fé não for mantida para com os embaixadores, o que se deve esperar dos outros?

A segurança dos embaixadores

Há até aqueles que se vangloriaram de matá-los, como Helena rainha da Rússia, que, ao ser rogada pelos seus inimigos para que firmasse aliança a fim de esposar o rei deles, mandou enterrar vivos os embaixadores. E antes que a notícia corresse, ela mandou dizer que queria outros embaixadores que fossem senhores maiores. Foram enviados a ela cinquenta dos mais ilustres, que ela mandou queimar vivos, e sob promessa de casamento ela mandou matar cinco mil que ela havia embriagado. Não é necessário enumerar aqui quantas cidades e povos foram exterminados por não terem observado a fé para com os embaixadores, que são e devem ser santos e invioláveis. É verdade que a salvaguarda dada aos embaixadores não lhes deve dar permissão para não dizer nada ou exceder sua missão, desprezando os Príncipes que os acolhem. Ao contrário, o embaixador sábio sempre tornará sua confiança mais frágil nas coisas odiosas e mais robusta nas coisas agradáveis, para manter as amizades e apaziguar as inimizades dos Príncipes que entram amiúde em conflito por erro dos embaixadores, que às vezes pagam por isso. Entre muitos exemplos, temos o de Estevão voivoda da Valáquia, ao qual o *precop* da Tartária enviou cem embaixadores que ameaçaram submeter seu país a fogo e sangue se ele não devolvesse o filho do *precop*. O voivoda, irritado com tais ameaças, mandou matar todos eles, exceto um que ele mandou de volta mutilado para levar a notícia. Os outros não querem se vingar dos embaixadores no seu país para não parecerem infratores da fé, mas mandam segui-los para matá-los, como fez Tuca rainha da Esclavônia com o mais jovem de três embaixadores romanos que a haviam ameaçado, o que depois foi a causa da ruína do seu estado[187]. O rei da Moscóvia fez muito pior, pois ao ver que um certo embaixador italiano se cobrira antes que lhe dissessem para fazê-lo, mandou pregar sua boina na cabeça com um prego[188], coisa cruel e bárbara.

---

[187] Políbio liv. 2.
[188] Sigismundo na História da Moscóvia.

Não obstante, houve erro por parte do embaixador, que deve observar sua posição e a dignidade do seu senhor, contanto que isso seja feito sem desprezo pelo Príncipe junto ao qual ele é enviado, pois às vezes os embaixadores, apoiando-se sobre a grandeza de seu senhor, distraem-se diante dos Príncipes menores. Também os homens criados nos estados populares, acostumados a falar com toda liberdade, pensam que se deve agir assim com os monarcas, que não têm o hábito de ouvir falar francamente, e menos ainda de que a verdade lhes seja dita. Foi por essa causa que Felipe, o Jovem, rei da Macedônia, ao ver que o embaixador romano o interrogava com demasiada ousadia, não pode deixar de desafiá-lo por contumélia[189]. Popílio embaixador romano foi ainda mais audacioso com Antíoco rei da Ásia, traçando um círculo com uma vara em torno da pessoa do rei e dizendo-lhe que desse uma resposta antes de sair do círculo. *Obstupefactus est Rex tam violento imperio*[190], e todavia ele fez o que os romanos lhe pediram, tendo provado do seu poder. Mário, o Velho, usou da mesma liberdade com Mitridates rei da Amásia, pois embora não tivesse então cargo de embaixador nem de oficial ele disse ao rei que era preciso obedecer as ordens do povo romano, do qual ele não dependia, ou então ser mais forte que ele. Então Mitridates sentiu o que se dizia dos romanos, que eram mais livres na palavra que os outros povos.

Às vezes a liberdade demasiado grande sem injúria ofende os Príncipes. Foi por essa causa que Marco Antônio mandou chicotear o embaixador de Augusto ao ver que ele era demasiado licencioso ao falar com a rainha Cleópatra. Porém, os mais prudentes, ao se verem injuriados, não ofendem os embaixadores, mas pedem reparação da injúria ao senhor deles, ou então declaram guerra. É o que fez Carlos conde de Charolois, que disse aos embaixadores do rei Luís XI que seu chanceler havia sido insolente mas que o rei se arrependeria, e não deixou de cumprir o que disse. Nessa ocasião, para evitar tal contumélia o rei francês mandou erguer uma forca à vista do arauto da Espanha, ameaçando enforcá-lo se ele abrisse a boca, depois do desafio que ele havia lançado ao imperador Carlos V, sabendo que o arauto recebera do seu senhor o encargo de dizer coisa que não seria agradável ao rei.

---

[189] Lívio liv. 31.
[190] Lívio liv. 32.